Thomas Römer

MONOTEÍSMO Y PODER

Universidad Bíblica Latinoamericana, UBL
Apdo 901-1000, San José, Costa Rica
Tel.: (+506) /2283-8848/2283-4498
E-mail: info@ubl.ac.cr
www.ubl.ac.cr
Copyright © 2018

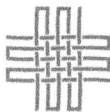

UNIVERSIDAD BÍBLICA
LATINOAMERICANA
PENSAR · CREAR · ACTUAR

Institución que da continuidad a las labores
educativas iniciadas por el Seminario
Bíblico Latinoamericano desde 1923.

Thomas Römer

MONOTEÍSMO Y PODER

La construcción de Dios
en la Biblia Hebrea

221.621
R665   Römer, Thomas, 1955-
        Monoteísmo y poder : La construcción de
        Dios en la Biblia Hebrea / Thomas Römer. --
        San José : Sebila, 2018.
        214 p. ; 22 cm.

        ISBN: 978-9977-958-85-9

        1. Monoteísmo. 2. Biblia. A.T. - Crítica,
interpretación. I. Römer, Thomas, 1955-. II.t.

Edición:
Dr. José E. Ramírez-Kidd

◆

COMITÉ EDITORIAL SEBILA:
M.Sc. Ruth Mooney (directora)
Dr. José E. Ramírez-Kidd
M.Sc. Elisabeth Cook
Dr. Martin Hoffmann
M.Sc. David Castillo

◆

ISBN 978-9977-958-85-9

◆

Diagramación/portada
Damaris Álvarez Siézar
Imagen de portada:
Sébastien Bourdon, *Le Buisson ardent*
Tomada de: https://fr.wikipedia.org/wiki/Buisson_ardent_(Bible)#/
media/File:Bourdon,_S%C3%A9bastien_-_Burning_bush.jpg

◆

◆

Departamento de Publicaciones, UBL
San José, Costa Rica
Julio, 2018

Contenido

Presentación*

El tema del monoteísmo adquiere relevancia hoy por razones no solo teológicas sino también sociales. Analizado en el marco de sus premisas filosóficas, deviene un punto de vista desde el cual la sociedad puede generar nuevas formas de comprensión de sí misma, de su pasado y de sus retos presentes. Son claras hoy, por ejemplo, las estrechas conexiones que éste ha tenido con temas de importantes consecuencias culturales y políticas, como el patriarcalismo y el imperialismo.

En algunos textos de la literatura religiosa del antiguo Cercano Oriente, observamos que se hipostasiaban rasgos personales de una deidad mayor. El poema babilónico de la creación, por ejemplo, dice de Marduk: "(...) que los 'cabezas negras' esperen en sus dioses. ¡En cuanto a nosotros, aunque se le pueda llamar con muchos nombres, él es nuestro dios! Proclamemos pues sus cincuenta nombres" (*Enuma Elish* VI, 119-20). Marduk, dios personal de los dioses, se presenta aquí, en una esfera superior, como un dios único. Práctica similar a la de algunos escritores sagrados que hablaban de la Sabiduría divina o del Nombre divino *cualidades de* Yhwh, pero no divinidades *junto a* Yhwh.

No era exacto, tampoco, que las discusiones teológicas en torno al monoteísmo tuviesen, como se quiso creer en un principio, implicaciones solo en el ámbito de la religión y para ese ámbito. Los grandes proyectos históricos europeos en ultramar fueron inspirados y sustentados a lo largo del tiempo, por razones ideológicas de diverso tipo, incluyendo claro está, las religiosas. Todavía el siglo XX conoció iniciativas coloniales legitimadas por argumentos inspirados en la retórica de religiones monoteístas. El monoteísmo fue, en todo caso, una faceta tardía de la religión del antiguo Israel. Un esfuerzo más en la búsqueda de una identidad propia y resultado final de un largo proceso de diferenciación —no, ciertamente, un punto de partida. Afirmaciones monoteístas, en sentido estricto, no las encontramos en el antiguo testamento sino hasta la época persa.

El monoteísmo es, de cierto modo, un fenómeno de síntesis en el que converge el sentimiento religioso de muchos pueblos fuera de los límites estrechos de 'la Tierra Santa'. Precario resulta, por tanto, el reclamo de su paternidad con pretensiones de exclusividad. La experiencia religiosa, se comprueba una vez más, es crisol humano. En ella convergen diversas culturas y está presente, sin poder medir porcentajes, el sedimento de una experiencia humana acumulada que capta algunas de las intuiciones, símbolos y arquetipos más relevantes en la historia humana. De aquí la relevancia del tema hoy, cuando enfrentamos en los albores del siglo XXI problemas fundamentales de convivencia y sobrevivencia.

Ahora bien, la comprensión del monoteísmo pasa, necesariamente, por la comprensión de sus orígenes. El profesor Thomas C. Römer, destacado especialista internacional, profesor en la Universidad de Lausanne y encargado de la nueva cátedra de Medios Bíblicos del Collège de France (París), ha dedicado parte de su significativa labor de investigación al tema de los orígenes del monoteísmo (véase la Bibliografía). La Escuela de Ciencias Bíblicas de la Universidad Bíblica Latinoamericana ha seleccionado ocho de estas publicaciones que ahora se complace en presentar al público de habla hispana. Esta obra será acompañada de una serie de conferencias que ofrecerá el Prof. Römer tanto en la Universidad Bíblica como en la Universidad Nacional en Heredia. Agradecemos al autor su visita y esta valiosa contribución académica, invitación calurosa a un diálogo fecundo sobre un tema de gran actualidad.

José E. Ramírez-Kidd

---

*: La ortografía de algunos nombres de divinidades y lugares varía en los distintos artículos. Se ha respetado esta diferencia. A menos que se indique lo contrario, las citas bíblicas corresponden a la tercera edición de la *Biblia de Jerusalén* (BJ³ 1998).

Prefacio

*H*oy en día, las religiones monoteístas tienen una mala prensa. Se las acusa de engendrar la intolerancia, la violencia y el fanatismo. Las noticias, de hecho, parecen confirmar tal apreciación. Muchos conflictos en el mundo de hoy, así como los atentados terroristas en París y en otros lugares, tienen componentes ideológicos. En el nombre del Dios único se mata, se excluye, se predica el odio y la intolerancia. Al mismo tiempo, ciertas tendencias fundamentalistas derivadas de las religiones monoteístas, quieren imponer una cierta visión de la familia y la sexualidad, iniciando una cruzada contra el derecho al aborto y en contra de cualquier reconocimiento estatal a las parejas homosexuales. Así, se puede tener la impresión de que el monoteísmo genera intolerancia, exclusión y un excesivo conservadurismo.

Durante muchos siglos, sin embargo, se consideró el advenimiento del monoteísmo como un indicador de progreso intelectual y filosófico en la historia de la humanidad. Gracias al monoteísmo mosaico, que está al origen del Judaísmo y sin el cual, ni el Cristianismo ni el Islam hubiesen surgido, la humanidad habría abandonado la divinización de la naturaleza y se habría librado de una sumisión supersticiosa a los elementos cósmicos. El monoteísmo habría favorecido así, la autonomía del ser humano y su capacidad para controlar las fuerzas naturales y cósmicas. No es casualidad que el primer capítulo de la Biblia afirme que el ser humano, en tanto que hombre y mujer, ha sido creado a imagen de Dios, y que es responsable de dominar el mundo y cuanto hay en él. El monoteísmo ¿sería entonces el primer paso hacia la salida del ser humano del pensamiento religioso, como afirman algunos filósofos? o ¿Sería el responsable de las catástrofes ecológicas que la humanidad ha provocado constantemente desde el comienzo de la revolución industrial, de las "guerras de religión" y de las exclusiones que persisten hasta hoy?

Recordemos, en primer lugar, que el término monoteísmo entró en nuestras lenguas solo tardíamente. Parece ser un neologismo del siglo XVII y, según Fritz Stolz[1], fue ideado por los platónicos de Cambridge. Henry More (1614-1687), emplea el término "monoteísmo" para caracterizar y defender el cristianismo contra conceptos deístas, pero también, contra la acusación judía de que la doctrina de la trinidad cuestiona la idea de la unidad y la unicidad de Dios. El término tiene aquí un carácter de exclusión, porque afirma que solo el Cristianismo da testimonio del único dios verdadero.

---

1 Fritz Stolz. *Einführung in den biblischen Monotheismus.* Darmstadt: Wissenschaftliche Buchgesellschaft. 1996.

Por otra parte, tenemos a Henry Bolingbroke (1678-1751), para quien el monoteísmo es la experiencia original de toda la humanidad. El monoteísmo no sería una especificidad del Judaísmo o el Cristianismo, sino que todos los sistemas religiosos y filosóficos tendrían su origen en una idea monoteísta. Esta es, por lo tanto, una posición inclusiva.

La idea monoteísta se podría entender, entonces, de dos modos opuestos: de una manera inclusiva y de una manera exclusiva. Estas dos formas de concebir el monoteísmo las encontramos también en los textos bíblicos. Basta pensar en la figura central del Pentateuco, Moisés. En diversos relatos, parece ser alguien extremadamente violento. En la historia del becerro de oro por ejemplo, es iconoclasta, destruye la obra de su hermano Aarón, quien representó a Yahvé, Dios de Israel, bajo la forma de un becerro, anticipando así el culto anicónico del templo de Jerusalén, reconstruido durante el período persa, a fines del siglo VI antes de la era cristiana. Pero él masacró, también, a una gran parte del pueblo que había venerado esta estatua de Yahvé. Moisés se convierte así, en el campeón de una religión yahvista intransigente. En el Deuteronomio, concebido como su testamento teológico, instó a sus destinatarios, que en términos de la narrativa son la segunda generación del desierto: a separarse estrictamente de otros pueblos, a no entrar en matrimonio con ellos, a destruir sus lugares y objetos de culto e incluso, a exterminarlos. Este discurso deuteronómico, puesto en boca de Moisés, corresponde entonces a un monoteísmo exclusivo. A diferencia del Cristianismo y el Islam, que heredaron este concepto y lo "universalizaron", el Judaísmo no desarrolló una estrategia misionera para convencer u obligar a otros a adherirse a este Dios.

Así, junto al discurso segregacionista, hay también textos en el Pentateuco que reflejan una postura de coexistencia religiosa. Moisés, que había huido a la tierra de Madián, se casó primero con Séfora, una mujer madianita, hija además de un sacerdote. La tendencia inclusiva del monoteísmo es aún más fuerte en la historia de la vocación de Moisés, que fue escrita por un grupo de sacerdotes. Ellos desarrollan en este relato (Éxodo 6), la idea de una revelación divina en tres etapas. Toda la humanidad conoce a Dios bajo el nombre de *élohîm*, un nombre que es a la vez plural y singular; a Abraham y sus descendientes, que incluyen a las tribus árabes, a los edomitas y a otros pueblos al este del Jordán, Dios se dio a conocer como *El shaddai* ("dios de los campos"), y es solamente a Israel, a través de Moisés, que revela su "verdadero" nombre, *Yhwh*, un nombre que pronto se convierte en tabú en el Judaísmo. De acuerdo con esta lógica, todos los pueblos veneran al mismo dios, incluso aquellos que tienen panteones, por lo que no hay razón para luchar en nombre de Dios.

Coexisten pues en la Torá, ligados a la figura de Moisés, dos monoteísmos distintos. Se crea así, de cierto modo, una tensión entre la inclusión y la segregación, entre la convivencia y la confrontación. En el plano psicológico, se puede decir que toda identidad se construye entre estos dos polos; pero en el plano histórico y político, se debe notar que las religiones monoteístas han favorecido a menudo, una versión exclusiva y bélica del monoteísmo. Es hora de recordar la variante pacífica y explorarla en el contexto actual que, de nuevo, está dominado por una retórica de guerra, ya sea en el ámbito religioso o en el secular.

Los diversos artículos recogidos y traducidos en este volumen provienen de mi labor investigativa tendiente a comprender mejor los orígenes del monoteísmo bíblico, sus contextos históricos y sus diferentes facetas. Agradezco al equipo de la Universidad Bíblica Latinoamericana, especialmente al profesor José E. Ramírez Kidd, por haber tomado la iniciativa de esta traducción. Para el contexto latinoamericano, algunas preguntas se plantean probablemente de manera diferente que para un contexto europeo, pero nuestras dos culturas son herederas, aunque de diverso modo, de la ideología monoteísta que conlleva peligros y perspectivas de igualdad y tolerancia.

Thomas Römer

Siglas

AOAT	Alter Orient und Altes Testament.
BaF	Baghdader Forschungen.
BAH	Bibliothèque archéologique et historique.
BAR	Biblical Archaeology Review.
Bib	Biblica.
BSEG	Bulletin de la Société d'Égyptologie de Genève.
BZ NF	Biblische Zeitschrift. Neue Folge.
BZAW	Beihefte zur Zeitschrift für die alttestamentichle Wissenschaft.
CBET	Contributions to Biblical Exegesis and Theology.
CJT	Canadian Journal of Theology.
DDD	Dictionary of Demons and Deities.
FAT	Forschungen zum Alten Testament.
FRLANT	Forschungen zur Religion und Literatur des Alten und Neuen Testaments.
GOF.I NF	Göttinger Orientforschungen. Neue Folge.
HoRe	Homo Religiosus.
HSM	Harvard Semitic Monographs.
HThKAT	Herders Theologischer Kommentar Altes Testament.

JSOT	Journal for the Study of the Old Testament.
JSOTSup	Journal for the Study of the Old Testament Supplement.
LAPO	Littératures anciennes du Proche-Orient.
LeDiv	Lectio Divina.
LiTh	Lieux Théologiques.
MoBi	Le Monde de la Bible.
NSK AT	Neuer Stuttgarter Kommentar Altes Testament
OBO	Orbis Biblicus et Orientalis.
OTSSA	Old Testament Society of South Africa.
RB	Revue Biblique.
RGG	Religion in Geschichte und Gegenwart.
TA	Tel Aviv.
TrEu	Transeuphratène.
UF	Ugaritische Forschungen.
VT.S	Vetus Testamentum Supplements.
YNER	Yale Near Eastern Research.
ZAW	Zeitschrift für die alttestamentliche Wissenschaft.
ZBK.AT	Zürcher Bibelkommentar. Altes Testament.

1
Los cuernos de Moisés. Hacer entrar la Biblia en la historia

Thomas Römer

Collège de France

1. LOS CUERNOS DE MOISÉS

Me ha parecido oportuno abrir esta lección inaugural con una de las figuras más importantes de la Biblia hebraica, la de Moisés. Poco nos importa por ahora saber si Moisés existió o no, lo que podemos afirmar es que, sin él, jamás existiría la Biblia. Así, puede ser considerado como un verdadero "fundador", pero, ¿por qué numerosas representaciones lo muestran con cuernos?

La respuesta que se da tradicionalmente a esta pregunta es que Jerónimo, traductor de la Biblia al latín —que se convertirá más tarde en la Vulgata—, se equivocó o, peor aún, ha querido satanizar la figura fundadora del judaísmo. Esta explicación es sin duda alguna un poco simplista, además de maliciosa en detrimento de Jerónimo. El latín « [...] *et ignorabat quod cornuta esset facies sua*» traduce el hebreo « [...] *oumoshè lo yada ki qaran 'or panaw*» (Ex 34:29): «[...] *Moisés no se había percatado que la piel de su rostro estaba "qaran"*». Casi todas las traducciones ponen la forma verbal *qaran*, que no traduje, como "radiante, resplandeciente", como lo han hecho los primeros traductores griegos. Sin embargo, esta raíz, que no se encuentra en la Biblia en su forma verbal más que en este relato del Éxodo, está aparentemente ligada a un sustantivo mucho más presente, *qèrèn*, que en hebreo bíblico significa, en efecto, "cuerno". Parece entonces que la traducción de Jerónimo era la correcta y que necesita ser rehabilitada en detrimento de las versiones griega, siríaca y de las interpretaciones judeocristianas tradicionales.

¿Por qué razón el redactor del capítulo 34 del libro de Éxodo pudo tener la idea de imaginar un Moisés cornudo descendiendo del monte Sinaí? Para esto, debe prestarse atención al contexto literario de este episodio, que es el de la célebre historia del Becerro de oro. A causa de la larga ausencia de Moisés, que permanecía en la cima de la montaña de Dios, los israelitas habían acordado fabricarse una estatua, para volver visible el dios que les había hecho salir del país de Egipto bajo la forma de un toro joven. El toro es, en la tradición de Levante, una manera usual de representar, especialmente, a los dioses de la tormenta. Al construirse una imagen bovina de su dios

Yahvé, los hebreos contravienen, según esta narración, una prohibición fundamental del decálogo pronunciado después de su llegada al monte Sinaí, la prohibición de representar lo divino. Es por esta razón que Moisés, al regresar, destruye las tablas de la ley y el Becerro de oro. Pero enseguida, regresa donde Yahvé para obtener la renovación del tratado que Dios había concluido antes con los israelitas. Cuando desciende con las nuevas tablas de la ley, los israelitas descubren un Moisés cornudo, sin que él mismo se haya dado cuenta de esta transformación.

Los cuernos son en la iconografía del antiguo Cercano Oriente, una manera usual de expresar la fuerza del dios o del rey que lo representa. Así, los cuernos de Moisés representan una proximidad innegable entre Yahvé y Moisés. Esta proximidad es, además, reafirmada en el epitafio del Pentateuco: « [...] *no ha vuelto a surgir un profeta como Moisés, a quien Yahvé conoció cara a cara*» (Dt 34:10). Se puede, entonces, ir un poco más lejos y preguntarse si Moisés tomó el lugar del Becerro de oro, del toro en el que los cuernos constituyen un trazo característico. De cierta forma es el caso, ya que Moisés es en efecto, el mediador visible entre Yahvé e

> ☙
>
> *Los cuernos son en la iconografía del antiguo Cercano Oriente, una manera usual de expresar la fuerza del dios o del rey que lo representa. Así, los cuernos de Moisés representan una proximidad innegable entre Yahvé y Moisés... puede, entonces preguntarse si Moisés tomó el lugar del Becerro de oro, del toro en el que los cuernos constituyen un trazo característico.*
>
> ❧

Israel. No hay representaciones del dios de Israel, pero en él reside definitivamente su mejor representante. Se afirma de esta manera el estatus, particular de hecho, de Moisés, sin quien no hubiese existido jamás el judaísmo. Se deben rehabilitar los cuernos de Moisés; pero esta gestión debe necesariamente acompañarse de un esfuerzo hermenéutico pues, para la mayor parte de nuestros contemporáneos, un personaje dotado de cuernos evoca asociaciones negativas, por no decir diabólicas. Por lo tanto, uno no puede contentarse con traducir «*la piel del rostro de Moisés tenía cuernos*», sin proveer esta traducción de una explicación sobre el contexto socio-histórico en el cual ha nacido esta idea de un Moisés dotado de cuernos. La enseñanza y la comprensión de la Biblia descansan sobre todo en un conocimiento y en una inteligencia de los medios en los cuales, los diferentes textos de esta biblioteca han visto la luz.

2. Homenajes

Estoy alegre de que la asamblea de los profesores del Collège de France haya juzgado útil crear una nueva cátedra consagrada a la investigación sobre la formación y la composición de la Biblia hebraica, del Antiguo Testamento en terminología cristiana. Y estoy profundamente conmovido y emocionado del honor que me han dado al confiarme esta cátedra. Ustedes han tomado un cierto riesgo al nombrar a un alemán que ha hecho la mayor parte de su formación en Alemania y toda su carrera universitaria en Suiza, lejos de los prestigiosos círculos académicos de Francia, y yo me pregunto con temor y temblor si estaré a la altura de esta tarea. Esta nominación se la debo sobre todo al profesor Jean Marie Durand que me informó, sin conocernos personalmente, que había presentado mi candidatura a la Asamblea de los profesores.

Si mis trabajos han podido llamar su atención, es porque he tenido un cierto número de maestros excepcionales que me han permitido aprender diferentes métodos y herramientas de análisis para comprender e interpretar los textos de la Biblia hebraica. Esta tarde, me encantaría rendirle un homenaje a tres de ellos:

- Al profesor Rolf Rendtorff, de la Universidad de Heidelberg, cuyo talento pedagógico y preguntas iconoclastas me han otorgado los deseos de concentrar mis estudios en el hebreo y la Biblia.

- La profesora Françoise Smyth, de la Facultad de Teología Protestante de París, quien, desde mi llegada a París como becado, me ha encargado el dar clases de hebreo. De esta forma aprendí el francés al comparar las gramáticas del hebreo bíblico en lengua alemana y francesa. El encuentro con Françoise Smyth ha sido decisivo para mi carrera. Entre todas las cosas que aprendí de ella, tanto en el plano humano como intelectual, debo mencionar esa curiosidad contagiosa por explorar nuevos métodos y por abordar el texto bíblico en una perspectiva comparativa, que no se limite solamente al antiguo Cercano Oriente.

- Quisiera enseguida rendir homenaje al profesor Albert de Pury, de la Universidad de Genève, con quien he podido trabajar como asistente durante cinco años. Bajo su dirección pude concluir mi tesis doctoral sobre la cual, al inicio, él no estaba muy de acuerdo. Él me ha permitido descubrir, entre otras cosas, una cualidad extraña, ausente a menudo en el mundo académico desgraciadamente: el respeto por las teorías que se encuentran en tensión o en contradicción con aquellas que se defienden, y la valentía de mostrar los resultados propios de la investigación en cuestión.

En las ciencias humanas, es excepcional encontrar reconstrucciones o hipótesis que sean enteramente "verdaderas" o enteramente "falsas". En lugar de lanzar el anatema sobre teorías contrarias a nuestras ideas, se debería tratar, sobretodo, de comprender la base de aquellas observaciones sobre las cuales han sido elaboradas. He aprendido en el curso de mi carrera universitaria, que la combinación de modelos que al inicio parecen oponerse unos a otros, puede hacer progresar la investigación.

Quisiera igualmente agradecer a la Universidad de Laussanne, y a mis colegas del *Institut romand de sciencies bibliques,* que me han proporcionado un marco ideal, tanto en el plano material como en el plano intelectual, para la enseñanza y para la investigación, que no pueden concebirse de otra manera más que en interacción. Una investigación que no pueda transmitirse tiene el riesgo de convertirse en incomunicable y autista; una enseñanza que no esté fundada en la investigación es peligrosa, ya que corre el riesgo de las aproximaciones y de la demagogia.

3. La Biblia en el Collège de France

Como ustedes saben, la enseñanza y la investigación concerniente a los textos bíblicos tienen una larga tradición en el Collège. Las cátedras de hebreo estuvieron entre las primeras cátedras fundadas en 1530, y numerosos expertos que ocuparon las cátedras intituladas "Hebreo", "Hebreo y arameo", "Lengua hebraica, caldea y siríaca", "Historia antigua del Oriente semítico", "Antigüedades semíticas", etc., han marcado las investigaciones históricas concernientes a la Biblia hebraica y al Levante.

Uno de los primeros intelectuales del Collège, cuyo nombre quedará grabado para siempre en la historia de las ciencias bíblicas, fue, sin embargo, titular de una cátedra de medicina. Se trata de **Jean Astruc** (1684-1766), hijo de un pastor protestante convertido al catolicismo. Médico consultor del rey Luis XV, Astruc entra en 1731 al Collège real, como terapéutico general. Si la historia de la medicina recuerda de él, sobre todo, la demostración de la realidad del contagio de la peste, desafiada por su maestro Chirac, las ciencias bíblicas le deben la invención de la teoría documentaria, es decir, la idea de que la Torá o el Pentateuco, no es la obra de un solo autor, sino que ella se compone de documentos diferentes reunidos por uno o muchos redactores.

En 1753, Astruc publica de forma anónima las *Conjectures sur les mémoires originaux dont il paroit que Moyse s'est servi pour composer le Livre de la Genèse.*[1] Su propósito era apologético: contra los sabios, un tal Spinoza y otros, él quería probar que, a pesar del aparente "desorden" del Pentateuco, éste era de hecho la obra de Moisés, que habría combinado dos historias de origen diferente, así como otros recursos fragmentarios. Moisés habría construido un conjunto

---

1 Esta obra viene de ser reeditada con una introducción muy interesante de Pierre Gibert que traza la vida de este gran intelectual: Jean Astruc. *Conjectures sur la Genèse.* Introduction et notes de Pierre Gibert. Paris: Noêsis. 1999.

coherente, pero los copistas posteriores, por pereza, ignorancia o presunción, lo habrían alterado todo. Es cierto que Astruc perdió el combate en favor de la autenticidad mosaica de la Torá, sin embargo, ofreció a la exégesis científica un método de investigación diacrónico que se utiliza hoy con provecho.

Desde finales del siglo XVIII se desarrolla en las universidades de tradición protestante un acercamiento llamado "histórico-crítico" de la Biblia, es decir, la voluntad de analizar la Biblia con los métodos profanos de la filología y el análisis literario e histórico. Francia, a excepción de la Universidad de Strassbourg, se ha mostrado escéptica, hostil de cara a un examen tal de los textos bíblicos. Una de las raras excepciones fue **Ernest Renan**, que fue nombrado en el Collège de France en 1862 y que hizo conocer la exégesis científica en Francia aportando sus propias contribuciones. Estando perfectamente al corriente de los trabajos de los grandes biblistas de su época (Abraham Kuenen, Julius Wellhausen), y en contacto directo con ellos, Renan quiso analizar los orígenes del judaísmo y del cristianismo según un acercamiento estrictamente científico, el mismo que le ocasionará bastantes problemas.

Criticado y vilipendiado, Renan logró establecer que la Biblia hebraica es el resultado de una larga evolución, y que el yahvismo exclusivo que está en el origen del judaísmo, no vio la luz sino hasta los dos últimos siglos de la monarquía de Judá. Él afirmó que se pueden trazar las diferentes etapas de la formación de la Biblia gracias a los progresos de los métodos exegéticos. En el prefacio de su *Histoire du peuple d'Israël*, insiste con razón, que el historiador de la Biblia no puede contentarse con reproducir la cronología de los redactores bíblicos, sino que debe tomar en cuenta la distancia que separa los textos de quien los estudia.

> La historia está obligada a presentar, con la mayor veracidad posible, las pruebas de las que disponga; ella hace la tarea más insensata del mundo al contar fábulas infantiles con el tono de una narración seria.[2]

Después de la revocación de Renan, el Collège hizo llamar a **Solomon Munk** quien, a causa de su ligamen religioso, no había encontrado un puesto universitario en Prusia. Munk puede ser considerado como el fundador de los estudios judíos en Francia. Se interesó sobre todo por la filosofía religiosa árabe y judía. Él publicó igualmente, un libro que contenía una "descripción geográfica y arqueológica" de Palestina.[3]

La época de Renan y de Munk fue también la del nacimiento de la arqueología científica, la egiptología y la asiriología, cuando los descubrimientos epigráficos revolucionaron la visión tradicional de la Biblia hebraica. La publicación del relato del diluvio, contenido en las tabletas de la epopeya de Gilgamesh, dio origen en Alemania al conflicto "Babel-Bibel-Streit", con el cual se hacía evidente que los autores de los textos bíblicos se inspiraban a menudo en las tradiciones y textos del Cercano Oriente antiguo que les precedieron. El relato bíblico debió ser confrontado con la materialidad de los descubrimientos arqueológicos.

---

2 *Histoire du peuple d'Israël* (1887), en: Ernest Renan. *Œuvres complètes*. Paris: Calmann-Lévy. 1953, vol. VI, p. 21.

3 Solomon Munk. *Palestine. Description géographique, historique et archéologique*. Paris: Firmin Didot Frères. 1845.

Fue **Charles Clermont-Ganneau**, nombrado en una cátedra de "Epigrafía y antigüedades semíticas" en el Collège de France en 1890, quien actualizará las ciencias bíblicas por sus trabajos arqueológicos en Siria-Palestina. Clermont-Ganneau hizo progresar la topografía de los sitios mencionados en la Biblia, a partir de textos de historiadores y geógrafos árabes, identificando notoriamente la ciudad de Gézer. Nosotros le debemos en particular el rescate de la estela del rey moabita Mesha, que relata un conflicto militar entre Moab e Israel atestiguado también en la Biblia, solo que de forma bastante diferente.[4]

Esta estela descubierta en Dhiban, la antigua capital del reino de Moab, menciona notablemente el nombre propio del dios nacional de Israel, Yahvé, y es prueba de una teología de la historia que se encuentra en ciertos relatos de la Biblia: una derrota militar es explicada por la cólera del dios nacional contra su propio pueblo. Hasta nuestros días la estela de Mesha es uno de los testimonios más importantes para la reconstrucción de la historia de Israel en el siglo IX a.e.c. Permítanme, de nuevo, recordar que Charles Clermont-Ganneau pudo identificar dos importantes fraudes arqueológicos que revelan, desgraciadamente, que los documentos y objetos falsos son tan antiguos como la arqueología.

Alfred Loisy, que entra al Collège de France luego de su excomunión en 1909, orienta las ciencias bíblicas en una perspectiva decididamente comparativa en el campo de la historia de las religiones. Afirma que la crítica bíblica

---

4 Charles Clermont-Ganneau. *La Stèle de Dhihan ou stèle de Mesa roi de Moab, 896 avant J. C.: Lettes à M. Le Cte. de Vogué.* Paris: J. Baudry Didier. 1870.

existe por ella misma "y no necesita de permisos para ser; ningún poder humano puede evitar que la Biblia esté en las manos de numerosos sabios que la estudian libremente"[5] y añade:

> La pregunta bíblica se convierte en pregunta religiosa en un sentido bastante más amplio que el que hemos entendido hasta aquí […] La relación del monoteísmo judío y cristiano con las otras religiones es infinitamente más complejo que el que se supuso una vez.[6]

Loisy demuestra en su obra *La Religion d'Israël*[7], que el Pentateuco no es un documento histórico y que las tradiciones sobre los Patriarcas en el libro del Génesis son relatos míticos que no permiten reconstruir una "época patriarcal", como se había hecho durante algún tiempo en los Estados Unidos y en Alemania. El acercamiento comparativo de Loisy fue seguido por **Isidore Lévy** y por **Edouard Dhorme** quien, si bien ocupaba una cátedra de asiriología, fue al mismo tiempo un eminente biblista y a quien le debemos una de las más bellas traducciones de la Biblia en francés, incluida en la *Bibliothèque de la Pléiade*. El descubrimiento de los manuscritos de Qumrán, a partir de 1947, a los cuales se adjuntan otros textos encontrados en la región del mar Muerto, fue el acontecimiento más importante de la investigación bíblica en el siglo XX. Hasta aquí, no se tenía ningún trazo material de los manuscritos de la Biblia hebraica antes de la Edad Media, de modo que ahora poseemos, aunque de manera

---

5 Alfred Loisy. *Études bibliques*. Paris: Alphonse Picard et fils. 1903. 3ᵉ éd., p. 27.

6 *Ibid.* p. 26.

7 Alfred Loisy. *La Religion d'Israël*. Paris. E. Nourry. 1933. 3e éd.

fragmentaria, testimonios de todos los libros que la componen, fechados en los dos últimos siglos antes de la era cristiana. Estos documentos, algunos de los cuales difieren en cierta medida del texto oficial masorético, confirman la gran diversidad de la transmisión textual de rollos que formaron -más tarde, las tres partes del canon judío: Pentateuco, Profetas y Escritos.

La importancia de los textos del desierto de Judá fue evaluada inmediatamente por **André Dupont-Sommer**, cuyo primer curso en el Collège de France en 1963, fue consagrado a los manuscritos del mar Muerto. En sus trabajos de traducción y de interpretación, Dupont-Sommer destacó el alcance de los escritos propios de la comunidad de Qumrán, que nos arrojan luz sobre la corriente denominada "esenia", sobre el judaísmo en la época romana y sobre los orígenes del cristianismo.[8]

Otro gran momento para los estudios semíticos y bíblicos fue el descubrimiento de Ugarit-Ras Shamra en 1929. Gracias a las tabletas ugaríticas se poseyó, por primera vez, textos mitológicos que ponían en escena a los dioses: El, Baal y muchos otros. Nombres que, como el de Baal, la Biblia menciona siempre en contextos polémicos, sin dar información precisa sobre los mitos y los ritos asociados a esas divinidades del Levante. Los textos ugaríticos del final del segundo milenio describen a Baal con las funciones y los títulos que son aplicados a Yahvé en los textos bíblicos, lo que confirma la idea de que el dios de Israel es, desde el punto de vista de la historia de las religiones, un dios de la tormenta como lo es Baal-Hadad, el dios que provoca los rayos y los truenos.

---

8 André Dupont-Sommer. *Les Écrits esséniens découverts près de la mer mort.* Paris: Payot. 1953. 2e éd.

Dos profesores del Collège de France contribuyeron enormemente en los descubrimientos de Ugarit: **Claude Schaeffer** en el plano arqueológico (fue el primer director de las excavaciones de Ras Shamra) y **André Caquot** en el plano textual; a quien se le debe la traducción francesa de los grandes textos mitológicos, así como las anotaciones que ponen en evidencia los numerosos ligámenes entre Ugarit y la Biblia. En último lugar, **Javier Teixidor** destacó en los estudios arameos y, recientemente, se ha interesado en Spinoza, uno de los fundadores del análisis crítico de la Biblia.[9]

4. La Biblia y la historia

Esta brevísima reseña mostró, espero, que las numerosas cátedras del Collège de France no solamente han acompañado la evolución y el progreso de las ciencias bíblicas, sino que ellas han contribuido enormemente a este progreso. Preparando esta reseña histórica me he percatado de una curiosidad: si no me equivoco, la cátedra que ustedes han querido confiarme es la primera cátedra en el Collège de France que lleva mencionada en forma explícita, la palabra "Biblia". ¿Cómo explicar este fenómeno? ¿Es simplemente el fruto del azar o que en la Francia académica habría un problema con el término "Biblia"? ¿Podría explicarse esta reserva al uso de la palabra "Biblia" por el hecho de que, en el plano científico, esta cátedra podría ocuparse del hebreo, del arameo, de la epigrafía, de las antigüedades semíticas, pero que la Biblia y su reflexión deberían quedar reservadas a las sinagogas y a las iglesias?

---

9 Javier Teixidor. *Le Judéo-christianisme*. Paris: Gallimard. coll. « Folio Histoire ». 2006.

La Biblia hebraica es uno de los grandes documentos fundadores de la civilización judeocristiana, en todo caso, de la civilización occidental. Ella es igualmente un elemento importante para explicar el nacimiento del islam y de la civilización musulmana. ¿Cómo comprender la historia, la literatura, el arte pictórico y musical y también un cierto número de conflictos geopolíticos actuales, sin un conocimiento profundo de los textos bíblicos y sus significados? No hay duda alguna que la Biblia continúa interesando al público. El presunto descubrimiento reciente del muro del palacio de David por la arqueóloga Eilat Mazar, debatido por otros especialistas, no ha tenido en suspenso solamente al público israelí, sino que ha conocido repercusiones internacionales.[10]

Recordemos también los numerosos artículos consagrados a la Biblia publicados regularmente en semanarios o revistas mensuales. Pero cuando leemos estos artículos, nos desconcertamos a menudo por la ingenuidad de los periodistas y su falta de conocimiento sobre la materia. Así, un gran semanario, cuyo nombre no voy a mencionar, presentó hace unas cuantas semanas una teología sobre el origen del Pentateuco que no es tomada en cuenta por la comunidad científica desde hace ya varias décadas. En otro caso, la afirmación "la Biblia dice la verdad" es un tema recurrente en las publicaciones de corte divulgativo. Se encuentran regularmente explicaciones fantasiosas, por ejemplo sobre el surgimiento histórico de los relatos de las plagas de Egipto y del éxodo (la erupción del volcán

---

10 Para el debate ver: Eilat Mazar. *Preliminary Report on the City of David: Excavations 2005 at the Visitors Center Area.* Jerusalem: Shalem Press. 2007; I. Finkelstein, Z. Herzog, L. Singer-Avitz y D. Ussishkin. "Has King David's Palace in Jerusalem Been Found?", *Tel Aviv (Journal of the Institute of Archeology of Tel Aviv University).* 34(2), 2007, pp. 142-164.

Santorini) o de los cuernos de Moisés (se trataba de una enfermedad cutánea), que son presentadas en los medios de comunicación con la mayor seriedad. Para detener estas aberraciones y por el bien de nuestra cultura, una formación sólida en torno a la Biblia parece más que necesaria, ya sea a nivel colegial, universitario o en el marco de la cultura en general. Para hacer esto, no nos podemos contentar con resumir el contenido de los grandes relatos bíblicos o maravillarnos simplemente ante la belleza de ciertos textos poéticos: la Biblia debe ser examinada desde una perspectiva histórica.

> ❧
>
> *No nos podemos contentar con resumir el contenido de los grandes relatos bíblicos o maravillarnos simplemente ante la belleza de ciertos textos poéticos: la Biblia debe ser examinada desde una perspectiva histórica.*
>
> ☙

Soy poco sensible a las sirenas de la postmodernidad, que claman el fin de la historia o que cantan las maravillas de las lecturas subjetivas o sincrónicas en detrimento de una investigación rigurosa. Estoy convencido que la intelección de la Biblia pasa por el trabajo del historiador. Es cierto, el peligro de la circularidad es particularmente grande, ya que para reconstruir los contextos históricos en los cuales los textos de la Biblia hebraica han visto la luz, el documento más importante es la Biblia misma. Nos mantuvimos contentos bastante tiempo con una revisión académica de los libros, del Génesis hasta los libros de los Reyes y, para la época persa, de los libros de Esdras y Nehemías. Efectivamente, se les ha librado de ciertos comentarios teológicos y relatos aparentemente mitológicos donde intervienen numerosos milagros, pero que restan bastante confiabilidad a la cronología bíblica que construye la historia de Israel y de Judá según el avance siguiente: época de los Patriarcas, época de Moisés y del éxodo, época de la conquista, de los Jueces, inicios de la realeza y del reino unificado por David y Salomón, historia de los dos reinos de Israel y de Judá hasta su desaparición, el exilio en Babilonia, la "restauración" en la época persa. Son numerosas las obras que, dirigidas al ámbito universitario o a un público más amplio, tratan la historia de Israel y que adoptan esta cronología, perpetuando así una especie de "catecismo científico".

5. DE LAS NUEVAS VISIONES SOBRE LOS RELATOS BÍBLICOS DE LOS ORÍGENES

Los avances de los métodos literarios y de la arqueología han tomado en consideración, en el plano histórico, la construcción de lo que puede llamarse la historiografía bíblica. Me contentaré con algunos ejemplos. La historia de los Patriarcas y la de Moisés no refleja acontecimientos de dos épocas sucesivas; se trata de dos relatos de orígenes que inicialmente estaban juntos: por una parte, la construcción de una identidad mediante genealogías y figuras de ancestros en los relatos de los Patriarcas; por otra, un modelo de identidad que no descansa sobre la sangre sino sobre la aceptación de una ley, de un contrato, en la tradición mosaica. La disposición cronológica de la historia de los Patriarcas, como preludio a la del Éxodo, es el resultado de una voluntad de combinar estos dos mitos diferentes de los orígenes.[11]

---

11 Thomas Römer. « L'histoire des Patriarches et la légende de Moïse: une doublé origine », en: D. Doré (éd.). *Comment la Bible saisit-elle l'histoire ?* (« Lectio Divina ». 215). Paris: Cerf. 2007, pp. 155-196.

La instalación de los israelitas en Canaán no es el resultado de una conquista militar como la presenta el libro de Josué. Las narraciones contenidas en este libro son la recuperación de textos de propaganda militar, especialmente neo-asiria y neo-babilónica. Arqueólogos como Israel Finkelstein y otros, han demostrado que el nacimiento de "Israel" no se debió a las invasiones de grupos provenientes del exterior. La época de transición entre la edad del bronce reciente y la edad del hierro se caracteriza por una suerte de crisis económica que se refleja en la disminución de la densidad urbana. Esto va de la mano con el movimiento de colonización rural, modesto ciertamente, de las montañas del centro de Palestina. Estas implantaciones son debidas a un "éxodo" de las capas inferiores de la población. Al instalarse en las montañas, estos grupos buscaban aparentemente liberarse del yugo de las ciudades estado cananeas. Es en este desplazamiento de una población cananea, que se debe ver la instalación de Israel. La oposición entre Israel y Canaán no es, por tanto, un dato histórico ni étnico; se trata de una oposición teológica cuyo propósito es distinguir al pueblo de Israel de los demás habitantes del Levante.[12]

El libro de los Jueces no refleja una época histórica. Se trata de una colección de leyendas sobre las figuras históricas provenientes de diferentes tribus israelitas, colección que se colocó en este lugar como relatos en una sucesión cronológica.

En cuanto al reino unificado de un Salomón, que habría reinado sobre un imperio extendido de Egipto

---

12 Israël Finkelstein et Neil Asher Silberman. *La Bible dévoilée. Les nouvelles révélations de l'archéologie.* Paris: Bayard. 2002.

hasta el Éufrates, debemos reconocer que esta idea es una construcción literaria de los autores de la época persa, cuyo deseo era poner toda la provincia de la Transeufratina bajo la autoridad de los reyes fundadores. David y Salomón, cuya historicidad no está exenta de interrogación (no conocemos documento extra-bíblico alguno de la primera parte del primer milenio antes de nuestra era que mencione un rey Salomón), debieron reinar sobre un territorio bastante modesto. De todas maneras, según los acuerdos de los arqueólogos, en el primer milenio, Jerusalén no se convirtió en una ciudad importante sino a partir del siglo VIII a.e.c. Como capital de Judea ella es, en efecto, mencionada por primera vez en documentos extra-bíblicos, en los anales del rey Senaquerib que relatan la toma de Jerusalén en el 701.[13]

La crítica histórica y los descubrimientos epigráficos y arqueológicos de los últimos decenios convergen en el hecho de que en la época de la monarquía, no se puede hablar de judaísmo para describir los sistemas religiosos en Israel y en Judá. Las inscripciones de Khirbet el-Qom y de Kuntillet Ajrud confirman que Yahvé no era un dios célibe, sino asociado a la diosa Asherá; que en Kuntillet Ajrud pudo tener uno de sus santuarios, como lo han sugerido recientemente Nadav Na'aman y Nurit Lissovsky de la Universidad de Tel Aviv.[14]

---

13 A. Graeme Auld - M. Steiner, *Jerusalem I. From the Bronze Age to the Maccabees* (Cities of the Biblical World). Cambridge: Lutterworth Press. 1996; Israël Finkelstein et Neil Asher Silberman. *Les rois sacrés de la Bible. À la recherché de David et Salomon*. Paris: Bayard. 2006.

14 Nadav Na'aman et N. Lissovsky. « Kuntillet 'Ajrud, Sacred Trees and the Asherah ». *Tel Aviv* 35, 2008, pp. 186-208.

Es igualmente plausible que haya existido una estatua de Yahvé en los santuarios de Jerusalén y del reino de Israel en la época monárquica. La conclusión del Salmo 17: "Yo, por mi justicia, veré tu rostro, al despertar me saciaré de tu imagen (*temunah*)", muestra aparentemente, el deseo de ser admitido delante de la estatua divina. La prohibición de las imágenes en el decálogo no es, por lo tanto, una prescripción antigua, sino una idea formulada cuando mucho en el siglo VI antes de nuestra era. La negación de los indicios en favor de la existencia de una estatua de Yahvé refleja, en mi opinión, la preocupación (teológica) por distinguir a Yahvé de las divinidades vecinas. Una distinción así existe, en efecto, en la Biblia, pero ella es el resultado de un largo camino y no un dato original. La misma constante se aplica al "monoteísmo bíblico", que no se hace presente sino hasta la época persa, siempre integrando una dosis de politeísmo (un cierto número de textos que aceptan la existencia de otros dioses no fueron censurados).

> ☙
>
> *Es igualmente plausible que haya existido una estatua de Yahvé en los santuarios de Jerusalén y del reino de Israel en la época monárquica.*
> *La conclusión del Salmo 17: "Yo, por mi justicia, veré tu rostro, al despertar me saciaré de tu imagen" muestra aparentemente, el deseo de ser admitido delante de la estatua divina.*
>
> ❧

Necesitamos, entonces, repensar nuestra manera de reconstruir la historia de Israel y de Judá, y especialmente la elaboración de la cronología narrativa de la primera parte de la Biblia hebraica. Ella no es la primera: es el resultado de un esfuerzo teológico y editorial de reunir, al interior de una misma biblioteca, las tradiciones y los rollos de épocas diversas, transportando ideas diferentes y, de hecho, contradictorias. Para ilustrar un fenómeno así, permítanme evocar un film que el año pasado conoció cierto éxito y cuya banalidad, si por casualidad pudieron verlo, les debió alarmar. Se trata de *Mamma Mia*. El hilo narrativo, es decir, la cronología, es claramente secundario. El único objetivo de la intriga es permitir reagrupar y organizar un cierto número de canciones del grupo sueco ABBA, que al comienzo no cuenta una historia continua y que no tiene líneas temáticas ordenadas. Sucede lo mismo con ciertas "cronologías" bíblicas.

6. ¿Cómo reconstruir una historia de Israel y de Judá?

¿Cómo escribir una historia de Israel y de Judá en el segundo y primer milenio antes de nuestra era? ¿Y cuál es el lugar de la Biblia en esta reconstrucción? Una de las últimas tentativas de escribir una historia del antiguo Israel es la de Mario Liverani. En su libro *Oltre la Bibbia* (cuya traducción francesa lleva un título desafortunado: *La Bible et l'invention de l'histoire*)[15]. Liverani distingue dos partes: *una storia normale*, donde reconstruye como historiador cada período, y *una storia inventata*, donde trata de la invención de las tradiciones fundadoras de Israel, de los Patriarcas hasta el templo de Salomón, buscando así

---

15 Mario Liverani. *Oltre la Bibbia: Storia antica di Israele.* Roma. Editori Laterza. 2003; traducción francesa: *La Bible et l'invention de l'histoire: histoire ancienne d'Israël.* Paris: Bayard. 2008.

poner en evidencia que los primeros libros de la Biblia no son documentos históricos, sino que tienen sobre todo una función fundadora de identidad.

En el debate, a menudo apasionado, sobre la historia de Israel y la datación de los textos bíblicos a los que se recurre para construir esta historia, dos campos se enfrentan: los maximalistas y los minimalistas. Los maximalistas parten de la idea que es necesario simplemente confiar en el relato bíblico, fiable en grandes líneas. Esta posición, cuyo fundamento ideológico se encuentra a menudo en la convicción del valor espiritual o "la Verdad" (con "v" mayúscula) de la Biblia, y que depende de su veracidad histórica, no es, lo hemos visto, científicamente sostenible.

Para los minimalistas, todo comienza solamente en la época aqueménida, alrededor de los años 400 a.e.c., o incluso más tarde, en la época helenística. Los partidarios de este punto de vista, argumentan que la Biblia es una construcción ideológica para fundar el judaísmo entre el siglo IV y el siglo II a.e.c., y que los primeros manuscritos materiales de la Biblia hebraica (los manuscritos del mar Muerto), datan precisamente de esa época. Por tanto, el hecho que los fragmentos de ciertos libros "bíblicos" o proto-bíblicos de Qumrán presentan variables textuales importantes, indica que esos libros no han sido escritos por primera vez en Qumrán sino que son el resultado de una larga historia de transmisión y recopilación. Se puede remontar, entonces, en la construcción de la historia de Israel y en la datación de los primeros rollos de ciertos textos bíblicos, algunos cuantos siglos. Los descubrimientos epigráficos, ciertamente modestos, pero no menos importantes, confirman esta visión. Los amuletos, hechos de hojas de plata, hallados en una tumba de Ketef Hinnom, en las cercanías de Jerusalén, y datados en el VII o VI siglo antes de nuestra era, contienen una bendición sacerdotal proveniente del capítulo 6 del libro de los Números («*que Yahvé te bendiga, que él te guarde, que Yahvé haga brillar su rostro sobre ti y que te conceda la paz*»).[16]

En una inscripción de Khirbet Beit Lei a 8 km de Lakish, del siglo VII antes de nuestra era, se puede leer así: «*Yahvé es el dios de toda la tierra* (o: de todo el país); *las montañas de Judá pertenecen al dios de Jerusalén*».[17] Existen paralelos bíblicos para las diferentes partes de esta inscripción; el título "Dios de Jerusalén" conferido a Yahvé, podría estar en relación con la centralización del culto de Yahvé en Jerusalén, reflejada en el libro del Deuteronomio. Mencionamos también la inscripción de Deir Alla en Transjordania, del siglo VIII antes de nuestra era, que contiene el inicio de un discurso de Balaam hijo de Beor, donde éste recibe una comunicación de los dioses. Se trata, sin duda, del mismo vidente que se menciona en una narración y oráculos en el libro de Números.[18] Los redactores de este texto se apoyaron en una tradición bastante antigua en el momento de la edición de la versión bíblica de la historia de Balaam. Estos pocos casos son

---

16 Esta datación mayoritaria (Gabriel Barkay *et al.*, « The Challenges of Ketef Hinnom. Using Advanced Technologies to Reclaim the Earliest Biblical Texts and their Context », *Near Eastern Archeology* 66, 2003, pp. 162-171), es disputada por algunos: Angelika Berlejung, « Ein Programm fürs Leben. Theologisches Wort und anthropologischer Ort der Silberamulette von Ketef Hinnom ». *ZAW* 120, 2008, pp. 204-230.

17 André Lemaire. « Prières en temps de crise: Les inscriptions de Khirbet Beit Lei ». *Revue Biblique* 83, 1976, pp. 538-568.

18 Matthias Delcor, « Le texte de Deir 'Alla et les oracles bibliques de Bala'am », en: *Environnement et Tradition de l'Ancien Testament* (AOAT 228), Neukirchen-Vluyn – Kevelaer, Neukirchener Verlag – Butzon & Bercker. 1990, pp. 46-67.

suficientes para subrayar que el material y las tradiciones que están en el origen de la Biblia hebraica, no son una invención de la época persa.

7. LA BIBLIA Y SUS MEDIOS

Contrariamente a las disciplinas de la asiriología o de la egiptología, que cuentan con miles de documentos por descifrar y editar, las ciencias bíblicas tienen en su caso un "corpus cerrado", un "canon". Este canon difiere según las religiones que se fundan en la Biblia – judaísmo, catolicismo, protestantismo–, pero los libros que lo constituyen han sido editados desde hace mucho y es poco probable que estos cánones sean modificados algún día. Sin embargo, las ciencias bíblicas no se pueden contentar con este canon; ellas deben examinar bien los otros escritos y documentos sin los cuales los textos canónicos no habrían visto nunca la luz.

La Biblia no nació en un frasco cerrado; el título de la cátedra "Medios Bíblicos" sirve para este propósito, agradezco a mi colega Jean-Marie Durant el haberlo sugerido. Es toda la región del Creciente Fértil que ha contribuido, de una manera u otra, a la formación de la Biblia hebraica. De todas maneras, esto lo manifiesta la Biblia explícitamente. Consideren el inicio de la historia de Abraham en el libro del Génesis. La familia de Abram (el primer nombre del

> ❦
>
> *La Biblia no nació en un frasco cerrado... Es toda la región del Creciente Fértil que ha contribuido, de una manera u otra, a la formación de la Biblia hebraica.*
>
> ❧

ancestro) es originaria de Ur Casdim. Ella se desplaza en seguida a Harán, donde Abraham recibe el llamado divino dándole instrucciones para visitar el país de Canaán. Toman luego el rumbo desde Siquem hasta el Néguev, para visitar enseguida Egipto. Así, Abraham viaja en principio por todo el Creciente Fértil. Su ruta iniciática describe el espacio geográfico en el cual el judaísmo nacerá en la época persa, pero cubre también las diferentes culturas e imperios que han influido en la elaboración de los textos de la Biblia hebraica. De nuevo, nos debemos detener con algunas breves luces.

La documentación abundante del palacio de Mari[19] ofrece analogías interesantes con costumbres y temas que se encuentran en la Biblia: las estelas sagradas, las revelaciones proféticas que son puestas por escrito, la ascensión del joven héroe a la realeza, etc. Si establecemos una relación racional, estos documentos se distancian del nacimiento de los escritos bíblicos por más de un milenio, como en el caso de los textos de Ugarit. Difícilmente se puede imaginar la dependencia directa de textos bíblicos de estos documentos; se trata sobre todo de estructuras análogas, que se podrían inscribir en el concepto "promedio".

Los trabajos de los egiptólogos son importantes para el biblista, no solamente porque el mito fundador principal de la Biblia relata la salida de Egipto. Ha pasado mucho tiempo, y se ha gastado mucha energía siguiéndole la pista a los acontecimientos del éxodo y a la figura de Moisés en los documentos egipcios, sin mucho éxito, y

---

19 Jean-Marie Durand, *Documents épistolaires du palais de Mari*, tome I, II, III (LAPO), Paris, Cerf, 1997-2003.

fueron algo descuidados los estrechos contactos entre Egipto y la Palestina del primer milenio antes de nuestra era, época en seguida considerada como "decadente" según una cierta vulgata egiptológica. La influencia egipcia en esta época es realmente inmensa en el plano histórico y en el plano literario. La tercera parte del libro de los Proverbios, que data sin duda del fin de la monarquía de Judea, muestra sorprendentes similitudes con las enseñanzas atribuidas al faraón Amenemope, que el escriba judío aparentemente conocía. Egipto está presente de una manera muy positiva en la historia de José, que es verdaderamente escrita por un miembro de la diáspora judía instalada en Egipto en el siglo VI antes de nuestra era. Los documentos provenientes de la colonia militar de Elefantina – que atestiguan entre otras cosas, la veneración del dios de Israel (Yaho) en compañía de otras dos divinidades, bajo la forma de una tríada egipcia

y en un tiempo posterior a la época persa, son igualmente de una gran importancia. El monoteísmo y la centralización del culto en Jerusalén fueron algo difícilmente admitido.

Otro imperio, igualmente importante que Egipto para comprender el nacimiento de la Biblia, es Asiria. Casi se podría decir que el último libro del Pentateuco es un libro asirio. El libro del Deuteronomio, en su forma primitiva, fue

> ෬
>
> *Casi se podría decir que Deuteronomio es un libro asirio... en su forma primitiva, fue construido sobre la base de los tratados de vasallaje o de los juramentos de fidelidad asirios, conocidos aparentemente por el autor de la primera versión del Deuteronomio. Es Yahvé quien ha tomado el lugar del rey asirio.*
>
> ෬

43

construido sobre la base de los tratados de vasallaje o de los juramentos de fidelidad asirios, particularmente del tratado de Assarhaddon (672 antes de nuestra era). Este texto fue conocido aparentemente por el autor de la primera versión del Deuteronomio. Es Yahvé quien ha tomado el lugar del rey asirio, es entonces al dios de Israel al que los destinatarios del rollo deben lealtad absoluta, y no al soberano extranjero. Tomando prestado un término de los estudios judíos, se puede caracterizar este procedimiento como una *counter history*, una práctica que explota la historiografía del adversario volviéndola en su contra: «*die Geschichte gegen den Strich kämmen*» («*hacer historia a contrapelo*») según la expresión de Amos Funkenstein.[20] Es el mismo caso para la primera puesta por escrito de la historia de Moisés, que reanuda igualmente un cierto número de motivos asirios. Así, es particularmente evidente para el relato de su nacimiento y de sus orígenes, cuyo paralelo más cercano se encuentra en la leyenda de Sargón. El autor bíblico quiere hacer de Moisés una figura tan importante como el fundador legendario de las dinastías asirias. Si bien Asiria es aborrecida en la mayoría de los textos bíblicos, ella proporcionó a los escribas judíos los materiales que les dieron el medio para componer «*la primera historia de Israel*».[21]

En medio de extraños elementos consensuales en las investigaciones bíblicas, figura la idea que la Torá —el

---

20 Amos Funkenstein. «History, Counter-History and Memory», in Saul Friedlander (éd.). *Probing the Limits of Representation: Nazism and the 'Final Solution"*, Cambridge (Mass.) – London, Harvard University Press. 1992, pp. 66-81.

21 Thomas Römer, *La Première Histoire d'Israël. L'École deutéronomiste à l'œuvre* (Le Monde de la Bible, 56), Genève, Labor et Fides, 2007.

Pentateuco o un Proto-pentateuco– fue publicada bajo el dominio de los Aqueménidas, hacia el 400 antes de nuestra era. La Biblia presenta los persas bajo una luz favorable, y los libros de Esdras y de Nehemías identifican la ley del "dios de los cielos" con la ley del rey persa. Así avanzó la hipótesis de que la publicación del Pentateuco sería el resultado de una iniciativa del poder aqueménida, lo que, en conjunto, es poco plausible. Pierre Briant recuerda merecidamente que «*la importancia de Judá no es más que una ilusión óptica, creada por la repartición desigual de la documentación*».[22] Si desde el punto de vista persa, las provincias de Judá y de Samaria pudieron aparecer como un tipo de "tercer mundo", la época aqueménida no es en menor grado, un momento central para el nacimiento de la Biblia y del judaísmo. Las influencias directas del mazdeísmo sobre la Biblia son difíciles de evaluar; sin embargo, la integración de Judá y de Samaria en el imperio, ha hecho nacer por primera vez la idea de una separación entre el poder político y el poder religioso. Gracias a la autonomía concedida al templo para su culto sacrificial, así como su gestión de la vida cotidiana y su comunicación con la diáspora, la clase sacerdotal y la intelectualidad laica renunciaron a la autonomía política, para brindar al judaísmo una identidad que no necesita del Estado ni de la política.

Quien se interese en la Biblia no puede ignorar el mundo helenístico, y no solamente a causa de los Setenta, las traducciones griegas de los textos bíblicos que, en ciertos casos, han sido hechas a partir de documentos hebreos diferentes de los que están en el origen del texto

---

22 Pierre Briant. *Histoire de l'empire Perse. De Cyrus à Alexandre*. Paris: Fayard. 1996, p. 603.

masorético oficial. Los autores de la época helenística, como Hecateo, Manetón, Artapan y Flavio Josefo, nos permiten acceder a las tradiciones (notablemente las de las guerras de Moisés), que pudieron existir en la época de la formación del Pentateuco, pero han sido censuradas por sus redactores.

En otro caso, ciertos relatos bíblicos poseen paralelos inquietantes con la mitología griega. La historia del sacrificio de la hija de Jefté en el libro de los Jueces, se lee como una versión hebraica de la tradición de Ifigenia, a tal punto que podría preguntarse si el autor de este pasaje del libro de los Jueces, que muy claramente ha añadido un relato más antiguo sobre Jefté, ha conocido las tragedias de Eurípides.[23] La visita de tres seres divinos a la casa de Abraham, recuerda el mito del nacimiento de Orión en las obras de Euforión u Ovidio. No hay un muro entre Grecia y el Cercano Oriente antiguo en lo que respecta la formación de la Biblia. Desde el siglo VII antes de nuestra era, al menos, circulan los mercaderes y con ellos, los mitos. Siria, Mesopotamia, Egipto y Grecia, todas estas áreas son representadas en el Collège de France por eminentes especialistas y es un privilegio poder ocuparse de la Biblia en un marco así.

8. LA TAREA DEL ESPECIALISTA DE LA BIBLIA

El trabajo interdisciplinario se ha convertido en una necesidad para las ciencias bíblicas, como lo es de

---

23 Thomas Römer, «La fille de Jephté entre Jérusalem et Athènes. Reflections à partir d'une triple intertextualité en Juges 11», en: Daniel Marguerat et A. Curtis (éd.), *Intertextualités. La Bible en échos* (Le Monde de la Bible, 40), Genève, Labor et Fides, 2000, pp. 30-42.

cualquier forma, el trabajo en equipo para la investigación. Las publicaciones de las investigaciones sobre la Biblia hebraica han llegado a tal grado de complejidad, que un investigador, también experto él, no puede actuar solo desde su rincón académico. Debe igualmente tener en cuenta una cierta movilización geográfica. Desde los inicios de la exégesis llamada histórico-crítica, la "tercer lengua bíblica" fue, además del hebreo y el griego, aún antes que el arameo, el alemán, tanto que el trabajo de las universidades alemanas dominaba la investigación. Desde hace una veintena de años el centro se ha desplazado hacia América del Norte y el inglés es ahora presente en las ciencias bíblicas como nueva *lingua franca*. Este desplazamiento es también un desplazamiento de métodos. Siendo que la exégesis alemana se interesaba sobre todo en una crítica diacrónica minuciosa –y también vertiginosa, logrando detectar en un breve pasaje la presencia de numerosos redactores transformando cada vez el texto anterior–, la exégesis anglo-sajona pone su acento en los acercamientos históricos, sociológicos y antropológicos. No se trata de escoger un área en detrimento de la otra, sino de combinar los métodos que permitan una mejor comprensión de los textos bíblicos. El gran exégeta Martin Noth calificó de *ehrlicher Makler* ("mediador honesto") al primer redactor de los textos historiográficos de la Biblia, por ser el último, según Noth, que transmitió fielmente las tradiciones recibidas, aun cuando fueran contrarias a sus propias visiones.[24]

---

24 Martin Noth. *Überlieferungsgeschichtliche Studien. Die sammelnden und bearbeitenden Geschichtswerke im Alten Testament* (1943). Darmstadt. Wissenschaftliche Buchgesellschaft. 1967, 3ème éd.

Me gustaría aplicar este calificativo para describir el trabajo del biblista. En definitiva, es importante en primer lugar hacerle justicia al texto y defenderlo contra las recuperaciones y las interpretaciones abusivas. Es un ejercicio bastante delicado ya que la Biblia, en sus diferentes variantes, es el documento sobre el cual se fundan el judaísmo y el cristianismo. En las sinagogas y las iglesias, los textos bíblicos son leídos e interpretados desde una perspectiva religiosa, destinados a nutrir la fe y a dar puntos de referencia al creyente. El análisis científico es, por lo tanto, percibido a veces como amenazante, incluso hostil a la lectura creyente, porque cuestionaría la verdad [autenticidad histórica][25] de la Biblia. El rol del trabajo científico sobre la Biblia no es el de pronunciarse sobre el valor espiritual que se puede encontrar en estos textos. Algunos ambientes integristas parecen querer, sin embargo, hacer de la Biblia un arma ideológica para defender el creacionismo, negar la igualdad entre razas o entre hombres y mujeres, la pena de muerte y otras posiciones éticas o políticas reaccionarias. De cara a estas recuperaciones, el biblista no puede esconderse ni huir de su responsabilidad frente a la sociedad. Debe recordar que la Biblia no cayó del cielo, que esos textos han sido compilados en circunstancias históricas muy diferentes a las de nuestra época.

Pero sobre todo, se trata de estar atento al hecho de que la Biblia no es un corpus homogéneo, un pensamiento único. Uno de los logros de la investigación bíblica es el hecho incontestable que el Pentateuco es un documento conciliatorio, que reúne en un mismo texto fundador perspectivas teológicas divergentes, sin imponer una sola

---

25 [Nota del traductor].

lectura de estas divergencias, sino dejando al lector el cuidado y la libertad de su interpretación. El Pentateuco reúne tres códigos de leyes diferentes, lo que hace imposible la aceptación literaria de un código en detrimento de los otros. De manera general, el canon bíblico confronta su lectura con diferentes opciones sin hacerle saber cuál debe asumir. Así, la historia de la monarquía en una perspectiva judía es transmitida dos veces en la Biblia hebraica, inicialmente en los libros de Samuel y Reyes, luego, en una versión "más moderna", en los libros de las Crónicas. Comparando las dos narraciones, se constata un número importante de divergencias. A modo de ejemplo, la leyenda cultual que hace de David el responsable de la ubicación del templo en Jerusalén, el relato de los libros de Samuel abre con estas palabras: «*wayyosèph aphyahvé lacharot beyisrâél wayyâsèt èt-dâwid bâhèm lémor lék menéh èt-yisrâël weèt yehoudâh*» («*la cólera de Yahvé siguió ardiendo contra Israel e instigó a David contra ellos, diciendo: ve, cuenta a Israel y Judá*»). David efectúa el censo del pueblo y Yahvé lo castiga enseguida, por algo de lo cual él mismo fue el instigador. Un texto difícil: Dios inspira una idea al hombre, por la cual este termina siendo castigado. En la versión del libro de las Crónicas, el relato es bastante

> ⊗
>
> *Uno de los logros de la investigación bíblica es el hecho incontestable que el Pentateuco es un documento conciliatorio, que reúne en un mismo texto fundador perspectivas teológicas divergentes, sin imponer una sola lectura de estas divergencias, sino dejando al lector el cuidado y la libertad de su interpretación.*
>
> ⊗

similar, sólo el inicio cambia: «*waya'amod sâtân 'al-yisrâél wayyâsèt èt-dâwid limnôt èt-yisrâél*» («*entonces Satán se levantó contra Israel e instigó a David para censar a Israel*»). Aquí, es Satán quien ha tomado el lugar de Dios. ¿El autor de 1 Cr 21 quiso resolver el problema teológico planteado por el relato del libro de Samuel, o quiso interpretar a Satán como manifestación de la cólera divina? En relación con los problemas filosóficos como el mal o la cuestión del libre albedrío, la biblioteca de la Biblia no dicta una respuesta única sino que sugiere al lector diferentes maneras de abordar el problema.

9. Valorar la diversidad de los textos bíblicos

El gran éxito de la Biblia reside también en su diversidad. De cierta manera el nacimiento de la Torá, luego de la Biblia y del judaísmo, revelan una paradoja. ¿Por qué uno de los documentos más importantes de la humanidad nace en el ambiente de un pequeño pueblo, ocupando un territorio considerado por los grandes imperios como una zona bastante poco interesante? La mayor parte de la Biblia hebraica puede ser calificada de "literatura de crisis", pues el exilio babilónico (aunque solo afectó a una minoría de la población), constituye el fundamento histórico y también ideológico de la Biblia y del judaísmo. Este "exilio" será determinante en la construcción de la memoria colectiva (Halbwachs) de la élite que ha organizado y transmitido los textos que conformaron la Biblia hebraica. Algunos de estos textos, narrativos y proféticos, explican las razones de la destrucción de Jerusalén y de la deportación; otros textos, proféticos sobre todo, reflejan la esperanza de la reunión de los dispersados y de un porvenir de paz; pero el documento más importante es la Torá, que crea la cohesión de la comunidad "post-exílica" y en la diáspora, en un espacio no sedentario, no político, confiando la mediación de la ley y del pacto con Dios a Moisés y no al rey. Esta Torá hace alternar los relatos y los textos prescriptivos y rituales que necesitan constantemente adaptación e interpretación, razón por la cual la "Torá escrita" es complementada a la vez por una "Torá oral". Contrariamente al templo y al palacio, la Torá se puede mover. Ella puede actuar fuera del país —de todos modos Moisés murió sin entrar en la tierra prometida—, correspondiendo así a la situación del judaísmo en diáspora. Esta des-compartimentación permitió el encuentro entre la Torá y la cultura helenística. Y el nacimiento de una Biblia griega al lado de una Biblia hebraica la ha establecido definitivamente como uno de los fundamentos de la civilización occidental.

10. Caminos abiertos

La tarea de las ciencias bíblicas es la de hacer accesibles las herramientas y las hipótesis pertinentes para aprovechar la comprensión de esta biblioteca. Trabajo no falta, ya que desde algunos decenios la mayor parte de las grandes teorías que han sido formuladas a finales del siglo XIX o en la primera parte del siglo XX, sobre la formación del Pentateuco, de los libros históricos y del corpus profético, han experimentado serias revisiones. Esto no significa que todas las observaciones y descubrimientos que estaban en el origen de estas hipótesis deben ser rechazadas; ellas deben ser verificadas con la ayuda de los nuevos instrumentos informáticos, a la luz de los nuevos hallazgos arqueológicos, y ser repensados en vista de nuevos paradigmas. Los tres caminos siguientes me parecen urgentes y prometedores:

- *La historia de la formación del Pentateuco.* Si bien existe un cierto consenso sobre el momento de la primera edición de la Torá, hacia el 400-350 antes de nuestra era, la pregunta "¿Cómo, cuándo y por quién las diferentes tradiciones han sido compiladas, revisadas y combinadas y con cuáles objetivos?" no es objeto de acuerdo alguno. El año pasado tuvo lugar (y creo que esto es una novedad) una red de investigación reagrupando especialistas de la Biblia hebraica de muchas universidades alemanas, suizas, italianas y del Collège de France, trabajando con modelos diferentes, pero convencidos de que el tiempo de las "capillas científicas" se ha ido y de que la confrontación de hipótesis divergentes puede hacer nacer un nuevo paradigma. La ruta de Abraham, con la cual yo quisiera comenzar mis labores docentes en el Collège de France, se inscribe en esta búsqueda de una nueva comprensión del Pentateuco.

- *Una nueva reconstrucción de la historia de Israel y Judá en el segundo y primer milenio antes de nuestra era.* Esta nueva síntesis deberá tomar en cuenta, lo más posible, toda la documentación de la que disponemos y "liberarse" de la cronología bíblica. Es mediante la confrontación de la historia del historiador con la historia de los autores bíblicos, que el sentido de esta última se mostrará con mayor claridad.

- *Un trabajo comparativo sobre los mitos fundadores de la Biblia:* orígenes del mundo, de los seres humanos y de la condición humana, de la civilización, de la monarquía, etc. En francés, el término "mito", suscita enseguida connotaciones negativas. Más bien, se debe rehabilitar el mito, ya que él sirve, tanto en el mundo antiguo como en la actualidad, para expresar de modo narrativo, las interrogantes, las búsquedas, las angustias y las esperanzas que en otros tipos de discurso no es siempre posible. La Biblia, aparte del libro de Qohélet, no contiene tratados filosóficos y prefiere el lenguaje mítico. Así, la anécdota mitológica de los cuernos de Moisés contiene, entre otras cosas, una reflexión compleja sobre la inadecuación de las representaciones de lo divino (o de lo trascendente), admitiendo con todo, la necesidad de tales representaciones. Tema apasionante pero que no podría tratar esta tarde.

Estoy agradecido por su atención.

Traducción: *Hanzel Zúñiga.*
Revisión: *José E. Ramírez K.*

2
El problema del monoteísmo bíblico

Thomas Römer
Collège de France

Hoy en día, las religiones monoteístas tienen mala prensa. Se les reprocha generar intolerancia, violencia y fanatismo. La actualidad geopolítica parece, de hecho, confirmar esta apreciación. Numerosos conflictos del mundo actual contienen componentes ideológicos. En nombre del Dios único se mata, se excluye, se predica el odio y la intolerancia. Durante varios siglos, sin embargo, el advenimiento del monoteísmo fue considerado como una señal de progreso intelectual y filosófico en la historia de la humanidad. Gracias al monoteísmo mosaico que dio origen al judaísmo, y sin el cual ni el Cristianismo ni el Islam hubiesen nacido, la humanidad habría abandonado la divinización de la naturaleza y se habría liberado de una sumisión supersticiosa a los elementos cósmicos.

El monoteísmo habría favorecido así la autonomía del ser humano y su capacidad de controlar las fuerzas naturales y cósmicas. No es por casualidad que el primer capítulo de la Biblia, afirme que el ser humano (tanto hombre como mujer) fue hecho a la imagen de Dios y que le corresponde dominar el mundo y lo que éste contiene. El monoteísmo ¿sería entonces el primer paso hacia la salida del ser humano del pensamiento religioso, como lo afirman ciertos filósofos[1], en particular Marcel Gauchet[2], o sería el responsable de las catástrofes ecológicas que la humanidad no ha dejado de cometer desde el inicio de la revolución industrial?

1. El origen del término monoteísmo

De hecho, el término monoteísmo, que nos es tan familiar, entró de forma tardía en nuestros idiomas. La Biblia no conoce el término "monoteísmo" ni su término opuesto "politeísmo". Este último parece haber sido acuñado por Filón de Alejandría, filósofo judío del primer siglo de la era cristiana, que opone el mensaje bíblico a la *doxa polutheia* de los griegos. En cuanto al término monoteísmo, parece ser un neologismo del siglo XVII, inventado -según Fritz Stolz[3], por los platónicos

---

1 Por ejemplo, Ernst Bloch, *L'athéisme dans le christianisme: la religion de l'exode et du royaume* (Bibliothèque de philosophie), Paris, Gallimard, 1978.

2 Marcel Gauchet, *Le désenchantement du monde: une histoire politique de la religion* (Bibliothèque des Sciences humaines), Paris, Gallimard, 1985. Este libro tuvo numerosas re-ediciones. Ver también Marcel Gauchet, *Un monde désenchanté ?*, Paris, Les Éd. de l'Atelier/Les Éd. ouvrières, 2004, así como Luc Ferry et Marcel Gauchet, *Le religieux après la religion* (Livre de Poche), Paris, Grasset, 2007.

3 Fritz Stolz, *Einführung in den biblischen Monotheismus* (Die Theologie), Darmstadt, Wissenschaftliche Buchgesellschaft, 1996, 4-12.

de Cambridge que querían vincular la racionalidad a un acercamiento místico de lo divino. Henry More (1614-1687) utiliza el término "monoteísmo" para caracterizar y defender el cristianismo contra conceptos deístas, pero también contra la acusación judía de que la doctrina de la trinidad pone en duda la idea de la unidad y unicidad de Dios. El término tiene aquí un carácter exclusivo, porque afirma que solo el cristianismo da testimonio del único dios, que es a la vez el único dios verdadero.

Del otro lado se encuentra Henry Bolingbroke (1678-1751), para quien el monoteísmo es la experiencia original de toda la humanidad. El monoteísmo no es una especificidad del judaísmo o del cristianismo. Todos los sistemas religiosos y filosóficos encuentran sus orígenes en una idea monoteísta. Se trataría entonces de una posición inclusiva.

Como lo subraya F. Stolz, la idea monoteísta puede, por lo tanto, ser entendida de dos maneras opuestas: una manera inclusiva y una manera exclusiva. Como se verá, estas dos posturas se encuentran también en los textos bíblicos.

2. Politeísmo y monoteísmo en Mesopotamia

¿Se puede hablar de monoteísmo antes de la Biblia? En el mundo mesopotámico se observa, desde el tercer milenio a.e.c., el desarrollo de un sistema politeísta muy elaborado. La complejidad de las sociedades de la Mesopotamia antigua, caracterizada por progresos técnicos e intelectuales impresionantes, se refleja en el mundo de sus dioses. Entre más jerarquizada y diferenciada sea una sociedad, más numeroso es su panteón. Las religiones mesopotámicas produjeron grandes epopeyas que influyeron enormemente a los autores bíblicos, lo que muestra que las fronteras entre monoteísmo y politeísmo son permeables: la epopeya de Gilgamesh, los relatos mesopotámicos de la creación y del diluvio, sirvieron de modelos para los autores bíblicos, que retomaron esos grandes textos reinterpretándolos desde una perspectiva monoteísta. Por citar solo un ejemplo: en el relato mesopotámico del diluvio, muy divulgado desde la época sumeria, los roles estaban divididos; los dioses "malvados" deciden exterminar a la humanidad mientras que un dios "bueno", amigo de los seres humanos, advierte a su elegido de la catástrofe que se avecina, permitiendo así la supervivencia de la humanidad. En el libro de Génesis, Yahvé, el dios de Israel (y Dios único) asume los dos roles: él decide aniquilar la humanidad al mismo tiempo que salva a Noé y su familia. El Dios único integra por lo tanto, aspectos sombríos e incomprensibles también. Sin embargo, tal experiencia no es ajena a los politeísmos asirios y babilonios. De hecho, existe una serie de textos en los que un individuo se queja de haber sido abandonado por su dios

> ✿
>
> *Las religiones mesopotámicas produjeron grandes epopeyas que influyeron enormemente a los autores bíblicos, lo que muestra que las fronteras entre monoteísmo y politeísmo son permeables: la epopeya de Gilgamesh y los relatos mesopotámicos de la creación y del diluvio, sirvieron de modelos para los autores bíblicos, que retomaron esos grandes textos reinterpretándolos desde una perspectiva monoteísta.*
>
> ✿

tutelar o de ser perseguido por él, textos que recuerdan experiencias tales como las que se presentan en el libro de Job.[4] Aunque la cultura mesopotámica está marcada por un politeísmo muy elaborado, se observan sin embargo tendencias hacia un "henoteísmo": enfocarse particularmente en una sola divinidad sin negar por ello la existencia de otras. Nabucodonosor I (1125-1104) quiso hacer del dios Marduk, primer dios tutelar de la ciudad de Babilonia, el dios central de todo el panteón babilónico. Senaquerib, quien destruye Babilonia en el 689 a.e.c., hizo reescribir la epopeya de "Enuma Elish", que trata de la creación del mundo, para remplazar a Marduk por Asur, que se convirtió entonces en el "dios del cielo y de la tierra". El rey babilónico Nabónido (556-539), por su parte, quiso hacer del dios lunar Sin, el dios principal del imperio babilónico. Su misteriosa estadía en Tema tenía por objetivo, quizás, construir una nueva capital dedicada por completo a la adoración del dios Sin.[5]

Este último episodio recuerda al faraón Akenatón (Amenofis IV, 1353-1337), que es usualmente presentado como el primer monoteísta de la humanidad. Los orígenes y los móviles de la revolución monoteísta de Amenofis IV son conocidos solo parcialmente. Al sexto año de su régimen, el faraón abandona la capital en Tebas y funda una nueva capital, Aketatón (Tell El-Amarna), dedicada a la veneración única del dios Atón,

---

4 Wilfred G. Lambert, *Babylonian Wisdom Literature*, Winona Lake, IN, Eisenbrauns, 1996 (1960), 21-62; Ronald J. Williams, « Theodicy in the Ancient Near East », CJT 2 (1956) 14-26; Stefan M. Maul, *Zukunftsbewältigung: eine Untersuchung altorientalischen Denkens anhand der babylonisch-assyrischen Löserituale Namburbi)* (BaF), Mainz, P. von Zabern, 1994.

5 Paul-Alain Beaulieu, *The Reign of Nabonidus, King of Babylon 556-539 B.C* (YNER), New Haven, CT; London, Yale University Press, 1989, 149-205.

el disco solar. El rey pone en marcha una gran empresa iconoclasta, que busca borrar todo rastro del dios Amón, pero también de los otros dioses. El himno a Atón (que tiene algunos paralelos con el salmo 104), muestra una especie de monoteísmo cósmico que prefigura el deísmo de algunos representantes de la luz: Atón-la-luz es el dios único, que "crea millones de formas (los rayos del sol), pero manteniendo su unidad". La nueva religión permanece fuertemente marcada por la ideología real: el faraón Akenatón es el hijo de Atón, el único que conoce a Dios. Otros textos y representaciones dan incluso la impresión de que la pareja real formaba junto con Atón, una trinidad divina similar a la que existía en los panteones tradicionales. Con frecuencia se ha querido hacer de la revolución de Akenatón, rápidamente borrada por sus sucesores, el origen del monoteísmo bíblico, convirtiendo a Moisés en el discípulo del faraón iconoclasta o identificando a ambos personajes. Pero el monoteísmo bíblico se manifiesta de una manera muy diferente[6]; por una parte, nace ocho siglos más tarde; por otra parte, el monoteísmo bíblico no se arraiga en la ideología real, sino que se funda en la Torá ("Ley"), de la que Moisés, como figura literaria, se convierte en mediador. No existe entonces ninguna relación de parentesco entre los dos monoteísmos. Como lo dice el egiptólogo Jan Assmann: Akenatón es una figura de la historia sin rastros en la tradición, mientras que Moisés es una figura de la tradición sin rastros en la historia. No hay una "relación de causalidad entre la revolución amarniana

---

6 Ver también la presentación de Christian Cannuyer, « La religion d'Akhénaton: monothéisme ou autre chose ? Histoire et actualité d'un débat égyptologique », en: René Lebrun, et al. (Éd.), *Deus Unicus* (HoRe, II/14), Turnhout, Brepols, 2014, 77-117.

y el nacimiento del monoteísmo bíblico".[7] Existen, sin embargo, "rastros de memoria" del monoteísmo de Akenatón que pueden haber influido a los escritores bíblicos cuando escribieron la historia fundacional de la salida de Egipto y la revelación en el Monte Sinaí. La asociación de las figuras de Moisés y Akenatón remonta a Manetón, un sacerdote egipcio helenizado que escribió una historia de Egipto (siglo tercero a.e.c.). En su obra, Manetón relata la historia de un sacerdote de nombre Osarsiph, que en la época de Amenofis se habría convertido en jefe de una comunidad de leprosos obligados a trabajos forzados. Éste habría dado a esta comunidad leyes contrarias a todas las costumbres de Egipto, prohibiendo particularmente la adoración a los dioses. Se podría pensar que este Osarsiph es una caricatura de Akenatón.[8] Manetón especifica que este líder de los impuros "cambió su nombre y tomó el de Moisés".[9] La visión de Manetón, que presenta a Moisés como un egipcio que ha sido malentendido por su pueblo, prepara el camino para una concepción que tiene entre sus seguidores más famosos a Sigmund Freud.[10] Aparentemente, hay una interacción entre el relato de

---

7 Jan Assmann, « Monothéisme et mémoire. Le *Moïse* de Freud et la tradition biblique », *Annales* 54 (1999) 1011-1026. Ver igualmente Jan Assmann, « Le traumatisme monothéiste », *MoBi* 124 (2000) 29-34.

8 Youri Volokhine, « L'Égypte et la Bible: histoire et mémoire. À propos de la question de l'Exode et de quelques autres thèmes », *Bulletin de la Société d'Égyptologie de Genève* 24 (2000-2001) 83-106.

9 Para el texto de Manetón (transmitido por Flavio Josefo) cf. Théodore Reinach, *Textes d'auteurs grecs et romains relatifs au judaïsme*, Paris, Les Belles Lettres, 1895 (nueva edición 2007), 20-34, cita p. 33 (del griego).

10 Sigmund Freud, *L'homme Moïse et la religion monothéiste* (Connaissance de l'Inconscient), Paris, Gallimard, 1986. Recordemos que el propio Freud presenta este ensayo como "una novela histórica".

Manetón y la historia bíblica de Moisés. ¿Quiere Manetón burlarse del Éxodo? o ¿están los escritores de la Biblia tratando de frustrar una tradición como la de Manetón?[11]

3. La Biblia ¿es monoteísta?

Aunque la Biblia hebrea confiesa al Dios uno y único, la misma conserva ciertos rastros que indican que la veneración a Yahvé no fue exclusiva durante muchos siglos. Estos rastros son transmitidos por testimonios extra-bíblicos. Algunos relatos admiten sin problema que el dios Yahvé, fue primeramente la divinidad tutelar de un clan o un pueblo. Así, cuando Jacob y su tío Labán firman un pacto de no agresión, ambos protagonistas hacen un juramento refiriéndose cada uno a su propio dios:

> "Mira este montón de piedras y la estela que he levantado entre nosotros —señaló Labán—. Ambos serán testigos de que ni tú ni yo cruzaremos esta línea con el propósito de hacernos daño. ¡Que el Dios de Abraham y el Dios de Najor sea nuestro juez! Entonces Jacob juró por el Dios a quien temía su padre Isaac" (Génesis 31:51-53).

Por otra parte, en una negociación con los amonitas, el israelita Jefté invita a éstos a respetar la división de los territorios nacionales:

---

11 Thomas Römer, *Moïse en version originale. Enquête sur le récit de la sortie d'Égypte (Exode 1-15)*, Paris -Genève, Bayard - Labor et Fides, 2015, 127-129.

"¿Acaso no consideras tuyo lo que tu dios Kemosh[12] te da? Pues también nosotros consideramos nuestro lo que el Señor nuestro Dios nos ha dado." (Jueces 11:24, NVI).

Esta concepción puede ser reconstruida a partir del texto masorético de Dt 32:8-9 que, según la opinión de varios exegetas, contiene la alteración voluntaria de un texto más antiguo (conservado parcialmente en la versión griega y en un fragmento de Qumrán).[13] El texto masorético es de hecho, difícil de comprender:

"Cuando el Altísimo dio a las naciones su herencia, cuando separó a los humanos, él fijó el territorio de los pueblos según el número de los hijos de Israel, porque la parte de Yahvé es su pueblo, Jacob es su herencia".[14]

No queda claro aquí quién es el Altísimo (en el contexto del Dt, probablemente se piense en Yahvé, a quien se

---

12 Kemosh es el dios de los moabitas y no de los amonitas. ¿Es un error de un narrador inconsciente de las prácticas religiosas de los vecinos de Oriente, o es el hecho de que este territorio es reclamado por los amonitas? (Ernst Axel Knauf, *Richter* [ZBK.AT, 7], Zürich, Theologischer Verlag, 2016, 124; ver también la discusión en Walter Gross, *Richter* [HThKAT], Freiburg i. Br., Herder, 2009, 592-593).

13 Para las diferencias textuales ver Jan Joosten, « Deutéronome 32 :8-9 et les commencements de la religion d'Israël », en: Eberhard Bons et Thierry Legrand (Éd.), *Le monothéisme biblique. Évolution, contexts et perspectives* (LeDiv, 244), Paris, Éd. du Cerf, 2011, 91-108; Nicolas WYATT, « The Seventy Sons of Athirat, the Nations of the World, Deuteronomy 32:6b, 8-9 and the Myth of the Divine Election », en: Robert Rezetko, et al. (Éd.), *Reflection and Refraction. Studies in Biblical Historiography in Honour of A. Graeme Auld* (VT.S, 113), Leiden - Boston, MA, Brill, 2007, 547-556. Para otra visión: Adrian Schenker, « Le monothéisme israélite: un dieu qui transcende le monde et les dieux », *Bib.* 78 (1997) 436-448.

14 Traducción hecha a partir del texto presentado en el artículo original. [Nota del traductor].

menciona a continuación), ni tampoco por qué un dios establece los territorios de las naciones según el número de hijos de Israel, ni por qué Jacob es la herencia de Yahvé. El texto reconstruido, por otro lado, es bastante claro:

> "Cuando Elyon (el "Altísimo") le dio a las naciones una herencia, cuando él dividió a los hombres, él fijo los territorios de los pueblos según el número de hijos de El. De hecho, la parte de Yahvé es su pueblo, Jacob es su parte atribuida".[15]

Este texto pone en escena una asamblea de divinidades presidida por Elyon quien, al momento de la creación y de la organización del mundo, atribuye a cada uno de sus hijos un pueblo. Elyon, bien atestiguado en el primer milenio a.e.c., es el nombre propio de una divinidad o un título atribuido al dios El, quien preside los panteones cananeos, lo que parece ser el caso aquí. Este fragmento mítico explica que El, quien según los textos de Ugarit tiene 70 hijos, organizó el mundo poniendo a cada pueblo bajo la tutela de uno de sus hijos.[16] El poema explica la diversidad de los pueblos y de sus respectivos dioses tutelares. Yahvé es entonces el dios tutelar de Israel, como Kemosh es el dios de los moabitas o Milkom el de los amonitas. Desde esta perspectiva, se podría incluso calificar a estos dioses como "hermanos". La misma idea se refleja igualmente en el salmo 82, que evoca a otros dioses que están en la asamblea de El (v.1) y que son llamados hijos de Elyon (v.6).

---

15 Traducción hecha a partir del texto presentado en el artículo original. [Nota del traductor].

16 Este tema se retoma con la idea de los "70 padres" de Israel que descienden a Egipto en Dt 10:22.

Algunos descubrimientos epigráficos, al igual que la misma Biblia, muestran que la religión de Israel y de Judá durante la primera mitad del primer milenio a.e.c., no se distinguía en nada de la de sus vecinos. El hecho que el dios de Israel tenga un nombre propio, Yahvé, o más bien Yahou, nombre que el judaísmo más tarde rehusó pronunciar, es una indicación de una concepción politeísta, puesto que un nombre propio sirve para la distinción. Se debía diferenciar a Yahvé de los otros dioses. Además,

> ℞
>
> ... *la religión de Israel y de Judá durante la primera mitad del primer milenio a.e.c., no se distinguía en nada de la de sus vecinos. El hecho que el dios de Israel tenga un nombre propio, Yahvé ... es una indicación de una concepción politeísta, puesto que un nombre propio sirve para la distinción. Se debía diferenciar a Yahvé de los otros dioses.*
>
> ℘

a Yahvé no se le veneraba como un Dios célibe, sino que tenía una pareja, una diosa que estaba asociada con él. Varias inscripciones y evidencias arqueológicas ponen a su lado a Asherá, una diosa semítica de Oeste asentada en Ugarit, entre los filisteos y también en Mesopotamia. Dos de estas inscripciones, que datan del siglo VIII o VII y descubiertas en Kuntillet 'Ajrud en la Península del Sinaí[17], contienen bendiciones: "Los bendigo por Yahvé de Samaria y por su Asherá"; "Te bendigo delante de/

---

17 Zeev Meshel y Liora Freud, *Kuntillet 'Ajrud (Ḥorvat Teman): an Iron Age II Religious Site on the Judah-Sinai Border*, Jerusalem, Israel Exploration Society, 2012.

por Yahvé de Teman y su Asherá".[18] Se observa que en estos grafiti encontramos un "Yahvé de Samaria" así como un "Yahvé de Teman", lo que muestra que Yahvé fue adorado en diferentes santuarios (incluso fuera de Israel), bajo diferentes manifestaciones al igual que otras deidades del antiguo Cercano Oriente.

4. El origen de una veneración exclusiva a Yahvé

La idea de una veneración exclusiva a Yahvé, tal como está formulada en la primera parte de los "diez mandamientos" ("No tendrás otros dioses delante de mí"), no es una característica original de la religión yahvista; es el resultado de una larga evolución y la Biblia misma guarda este recuerdo. La fórmula "no tendrás otros dioses delante de mí" implica, sin duda, una situación dentro del templo de Jerusalén donde, frente a la estatua de Yahvé, se encontraban representaciones de otras divinidades.

La idea de que Yahvé es el único dios de Israel, y que aquellos que lo veneran no deben seguir a los "otros dioses"

---

18 El tema sobre Asherá continúa en discusión, ver recientemente Benjamin Sass, « On epigraphic Hebrew 'ŠR and *'ŠRH, and on Biblical Asherah », TrEu 46 (Mélanges André Lemaire III) (2014) 47-66, y Émile Puech, « L'inscription 3 de Khirbet el-Qôm revisitée et l'Ashérah », RB 122 (2015) 5-25. Expuse mi visión en Thomas Römer, *L'invention de Dieu* (Les livres du nouveau monde), Paris, Seuil, 2014, 213-228. Ver en el mismo sentido Judith M. Hadley, « Yahweh and "his Asherah": Archaeological and Textual Evidence for the Cult of the Goddess », en: Walter Dietrich y Martin A. Klopfenstein (Éd.), *Ein Gott allein? JHWH-Verehrung und biblischer Monotheismus im Kontext der israelitischen und altorientalischen Religionsgeschichte* (OBO, 139), Freiburg - Göttingen, Universitätsverlag - Vandenhoeck & Ruprecht, 1994, 235-268, y Nadav Na'aman et Nurit Lissovsky, « Kuntillet 'Ajrud, Sacred Trees and the Asherah », TA 35 (2008) 186-208.

– cuya existencia no está de ninguna manera negada, se encuentra sobre todo en el libro de Deuteronomio. Este libro vio la luz probablemente alrededor del 622 a.e.c., en el contexto de la política religiosa del rey Josías quien, con sus consejeros, quería hacer de Jerusalén el único santuario legítimo y a Yahvé, el único dios de Judá: "Oye, Israel: Yahvé nuestro Dios, Yahvé uno es" (Dt 6:4). La introducción primitiva al Deuteronomio insiste en el hecho de que Yahvé no debe ser adorado bajo diferentes manifestaciones, ni en Samaria (tomada por los asirios en 722), ni en Teman, ni en otros lugares. El único Yahvé legítimo se encuentra en Jerusalén. Se puede entender esta concepción monolátrica (que todavía no es monoteísta, porque en ella no se niega la existencia de los otros dioses), como una reacción a la propaganda de los tratados asirios, en la que los maestros del antiguo Cercano Oriente exigían lealtad absoluta al gran rey de Asiria. Para los autores de Deuteronomio, es solo Yahvé quien debe ser servido, y no el rey de Asiria o sus dioses.[19]

5. Exilio, deportación y monoteísmo

El monoteísmo bíblico tal como se presenta actualmente, no surge sino hasta la destrucción de Jerusalén en el año 587 a.e.c. y después del desmantelamiento de las estructuras estatales del reino de Judá. Estos eventos no podían ser interpretados de otra forma que como el abandono de Judá por su dios (Ez 8:12), podían ser interpretados incluso, como la debilidad de Yahvé, incapaz

---

19 Eckart Otto, *Das Deuteronomium. Politische Theologie und Rechtsreform in Juda und Assyrien* (BZAW, 284), Berlin - New York, NY, de Gruyter, 1999, 364-378; Thomas Römer, *La première histoire d'Israël. L'École deutéronomiste à l'oeuvre* (MoBi[G], 56), Genève, Labor et Fides, 2007, 79-87.

de defender a su pueblo contra los dioses babilónicos (Is 50:2). Es en este contexto que va a surgir la confesión de Yahvé como Dios único.

En la aristocracia de Judá, diversos grupos intentaron superar la crisis, produciendo ideologías que dieran sentido a la caída de Judá. Se les puede presentar según un modelo propuesto por Armin Steil. Este sociólogo, influenciado por Max Weber, analizó las estructuras semánticas de crisis ligadas a la revolución francesa.[20] Su modelo puede igualmente aplicarse a las reacciones frente a la caída de Jerusalén que se encuentran en la Biblia Hebrea.[21] Steil distingue tres tipos de actitudes frente a una crisis: la del profeta, la del sacerdote y la del mandarín.[22]

- *La actitud profética* considera la crisis como el inicio de una nueva era. Sus partidarios son marginales, sin embargo pueden comunicar sus convicciones.

- La postura de los representantes conservadores de las estructuras sociales colapsadas nace de *la actitud sacerdotal*. En ella la manera de sobrepasar la crisis es volver a los orígenes sagrados de la sociedad dados por Dios, e ignorar la nueva realidad.

- En cuanto a *la postura del mandarín*, expresa la elección de los altos funcionarios que intentan comprender

---

20 Armin Steil, *Krisensemantik. Wissenssoziologische Untersuchungen zu einem Topos moderner Zeiterfahrung*, Opladen, Leske und Budrich, 1993.

21 Para una aplicación más detallada del modelo de Steil ver Thomas Römer, «The Hebrew Bible as Crisis Literature», en: Angelika Berlejung (éd.), *Disaster and Relief Management. Katastrophen und ihre Bewältigung* (FAT, 81), Tübingen, Mohr Siebeck, 2012, 159-177.

22 La expresión se refiere a un alto funcionario o burócrata que tiende generalmente hacia una actitud conservadora.

la nueva situación y acomodarse para conservar sus antiguos privilegios. Los "mandarines" quieren objetivar la crisis en una construcción histórica que proporcione las razones del colapso de las viejas estructuras sociales. Podemos resumir las tres actitudes:

	Profeta	Sacerdote	Mandarín
Situación	Marginal	Representante del antiguo poder	Alto funcionario
Legitimación	Conocimiento personal	Tradición	Nivel de instrucción intelectual
Semántica de la crisis	Esperanza de un futuro mejor	Retorno a los orígenes míticos	Construcción de una historia
Referencia	Utopía	Mito	"Historia"

El equivalente bíblico a la posición del "mandarín" frente a la crisis es la escuela deuteronomista.[23] Son descendientes de los escribas y otros funcionarios de la corte de Judá, cuyos predecesores acompañaron o incluso implementaron la reforma de Josías. Este grupo está obsesionado por el final de la monarquía y la deportación de las élites de Judá, y busca explicar el exilio, construyendo una historia de Yahvé y su pueblo desde los inicios bajo Moisés, hasta la destrucción de Jerusalén y la deportación de la aristocracia; historia que se encuentra en los libros de Deuteronomio hasta el segundo libro de Reyes.

---

23 T. Römer, *La première histoire*, 115-172.

5.1 El discurso deuteronomista y la preparación del monoteísmo

Los intelectuales de Judá deportados a Babilonia van a afirmar que la destrucción de Jerusalén no es señal de la debilidad de Yahvé, por el contrario, es Yahvé quien se ha servido de los babilonios para sancionar a su pueblo y sus reyes, que no respetaron sus mandamientos:

"Entonces el SEÑOR envió contra Joacim bandas de guerrilleros babilonios, sirios, moabitas y amonitas. Las envió contra Judá para destruir el país, según la palabra que el SEÑOR había dado a conocer por medio de sus siervos los profetas. ..." (2 Re 24:2).

2 Re 24:20: "Por causa de la ira del Señor sucedió esto en Jerusalén y en Judea, hasta que los echó de su presencia."
Esto significa que el poder de Yahvé no se limita solo a su pueblo, es también amo de los enemigos de Judá. Surge entonces la pregunta de cómo mantener un vínculo específico con este dios único. Para los deuteronomistas, la respuesta se encuentra en la idea de la elección: Yahvé escoge a Israel como su pueblo particular entre todas las naciones. En los textos monoteístas tardíos del libro del Deuteronomio, la afirmación de que Yahvé creó los cielos y la tierra está frecuentemente ligada a la afirmación de la elección de Israel. Por lo tanto, para los deuteronomistas, Yahvé es ciertamente el dios que gobierna sobre todos los pueblos, sin embargo, él tiene una relación especial con Israel. Esta es una forma notable de mantener la vieja idea de Yahvé como un dios nacional o tutelar, al tiempo que afirma que este mismo dios, es el único dios verdadero.[24]

---

24 Thomas Römer, « "Par amour et pour garder le serment fait à vos pères" (Dt 7,8). Les notions de peuple de Yahvé et d'élection dans le livre du

5.2 El discurso del profeta

La reflexión monoteísta más avanzada de la Biblia Hebrea se encuentra en la segunda parte del libro de Isaías (capítulos 40-55), a menudo llamada el segundo Isaías o Deutero-Isaías. Es una colección de oráculos anónimos cuya escritura abarca al menos dos siglos[25], y cuyo núcleo consiste en un texto de propaganda que celebra la llegada del rey persa Ciro a Babilonia en 539 a.e.c. Este núcleo se inspira mucho en el "cilindro de Ciro", en el cual el rey persa es celebrado (por el clero del dios Marduk) como elegido por Marduk para gobernar los pueblos y restablecer la paz. El autor de este texto muestra un gran universalismo, presentando a Ciro como mesías de Yahvé, inspirándose en la propaganda del rey persa quien, a su vez, retoma la ideología real asirio-babilónica.[26]

Otros textos del segundo Isaías van más allá al proponer, y éste es un caso único en la Biblia Hebrea, una "demostración teórica" del monoteísmo. El autor se burla del comercio de estatuas de las divinidades cuya única utilidad es la de enriquecer a sus artesanos.

Deutéronome et la tradition deutéronomiste », en: François Lestang, et al. (Éd.), «*Vous serez mon peuple et je serai votre Dieu*». *Réalisations et promesse* (Le livre et le rouleau, 51), Namur - Paris, Lessius, 2016, 113-134.

25 Odil Hannes Steck, *Gottesknecht und Zion. Gesammelte Aufsätze zu Deuterojesaja* (FAT, 4), Tübingen, J.C.B. Mohr (Paul Siebeck), 1992, y Reinhard Gregor Kratz, *Kyros im Deuterojesaja-Buch: redaktionsgeschichtliche Untersuchungen zu Entstehung und Theologie von Jes 40-55* (FAT, 1), Tübingen, J.C.B. Mohr (Paul Siebeck), 1991.

26 Para una sinopsis ver Thomas Römer, « L'Ancien Testament est-il monothéiste? », en: Gilles Emery, Pierre Gisel (éd.), *Le Christianisme est-il un monothéisme* ? (LiTh, 36), Genève, Labor et Fides, 2001, 72-92, 87.

"Los que fabrican ídolos no valen nada;
inútiles son sus obras más preciadas.
Para su propia vergüenza,
sus propios testigos no ven ni conocen.
¿Quién modela un dios o funde un ídolo,
que no le sirve para nada?" (Is. 44:9-10).

Esta demostración de la unicidad de Yahvé, que el segundo Isaías identifica frecuentemente con El[27], es presentada como una especie de revolución teológica.

"Así dice Yahvé,
su Redentor, el Santo de Israel:
«Por ustedes enviaré gente a Babilonia;
abatiré a todos como fugitivos.
En los barcos que eran su orgullo,
abatiré también a los caldeos.
Yo soy Yahvé, su santo;
soy su rey, el creador de Israel».
Así dice Yahvé,
el que abrió un camino en el mar,
una senda a través de las aguas impetuosas;
el que hizo salir carros de combate y caballos,
ejército y guerrero al mismo tiempo,
los cuales quedaron tendidos para nunca más levantarse,
extinguidos como mecha que se apaga:
«Olviden las cosas de antaño;
ya no vivan en el pasado.
¡Voy a hacer algo nuevo!
Ya está sucediendo, ¿no se dan cuenta?
Estoy abriendo un camino en el desierto,
y ríos en lugares desolados.

---

27 Este término tiene aquí, sin duda, el sentido general de "dios".

72

Me honran los animales salvajes,
los chacales y los avestruces;
yo hago brotar agua en el desierto,
ríos en lugares desolados,
para dar de beber a mi pueblo escogido,
al pueblo que formé para mí mismo,
para que proclame mi alabanza" (Is. 43:14-20).

El monoteísmo del segundo Isaías insiste, así como el discurso deuteronomista, en el hecho de que el Dios único mantiene una relación especial con Israel.[28]

5.3 El monoteísmo del círculo sacerdotal

El exilio babilónico facilitó sin duda a los sacerdotes judíos, conocer los grandes mitos mesopotámicos de la creación y del diluvio. Los primeros capítulos del Génesis presentan a Yahvé como el dios creador de todo el universo, llamándole *elohím,* una palabra que puede traducirse como "dios" (singular) o "dioses" (plural). Los autores sacerdotales de Génesis 1 integran así en su discurso, una concepción un poco sincretista, sugiriendo que los dioses venerados por los otros pueblos no son, a fin de cuentas, más que diversas manifestaciones de Yahvé, dios de Israel y dios del universo. Para el círculo sacerdotal, esto significa que todos los pueblos rinden culto a un dios creador (elohím); y veneran, sin saberlo, al

---

28 Al mismo tiempo, la exhortación a no conmemorar los tiempos antiguos, puede comprenderse como una crítica al discurso deuteronomista, obsesionado con la explicación de la catástrofe de la destrucción de Jerusalén, ver Jean-Daniel Macchi, « "Ne ressassez plus les choses d'autrefois". Ésaïe 43,16–21, un surprenant regard deutéro-ésaïen sur le passé" », ZAW 121 (2009) 225-241.

> ❦
>
> *Los autores sacerdotales de Génesis 1 integran en su discurso, una concepción un poco sincretista, sugiriendo que los dioses venerados por los otros pueblos no son, a fin de cuentas, más que diversas manifestaciones de Yahvé, dios de Israel y dios del universo. Para el círculo sacerdotal, esto significa que todos los pueblos rinden culto a un dios creador (elohím); y veneran, sin saberlo, al dios que más tarde se manifestará a Israel bajo el nombre de Yahvé.*
>
> ❧

dios que más tarde se manifestará a Israel bajo el nombre de Yahvé.[29]

Según el relato sacerdotal, Yahvé se revela a los patriarcas y a sus descendientes como "El Shaddai" (Gn 17:1-2). El círculo sacerdotal utiliza este nombre para explicar que el dios que se reveló a Abraham debe, por consecuencia, ser conocido también por Ismael, el primer hijo de Abraham, ancestro de las tribus árabes y de Esaú, el nieto de Abraham y ancestro de los edomitas. Al recurrir a "El Shaddai", los redactores sacerdotales utilizan un nombre que presentan como arcaico pero que, para la época, era aún un nombre divino venerado en Arabia.[30]

Solo a Moisés -y por medio de él a Israel, revela Dios el tetragrama (Ex 6:2-8). Este es un privilegio único de

---

29 Albert de Pury, « La remarquable absence de colère divine dans le Récit sacerdotal (Pg) », en: Jean-Marie Durand, et al. (Éd.), *Colères et repentirs divins. Actes du colloque organisé par le Collège de France, Paris, les 24 et 25 avril 2013* (OBO, 278), Fribourg - Göttingen, Academic Press - Vandenhoeck & Ruprecht, 2015, 191-213, 209.

30 Ernst Axel Knauf, « El Šaddai - der Gott Abrahams ? », BZ NF 29 (1985) 97-103.

Israel, que puede rendir así a este dios, el culto adecuado. Siguiendo el relato sacerdotal, todas las instituciones cultuales y rituales son dadas a los patriarcas y al pueblo antes de la organización política de Israel, lo que significa que no hay necesidad ni de un país ni de un reino para venerar a Yahvé de manera adecuada. Esta separación del culto a Yahvé, de las instituciones políticas y del lazo con el país, prepara de cierta forma la idea de una separación entre el dominio religioso y el dominio político.

5.4 Resistencias al monoteísmo

La victoria del monoteísmo, sin embargo, no fue inmediata. Los documentos provenientes de la colonia judía de Elefantina, una isla del Nilo al sur de Egipto, atestiguan aún durante la época persa, la veneración del dios de Israel (Yaho) en compañía de otras dos divinidades (Anat y Ashim-Bethel), a la manera de las tríadas egipcias.[31] Incluso dentro de la Biblia Hebrea, hay muchos textos que muestran la dificultad de un discurso decididamente monoteísta.

6. LAS DIFICULTADES DE PENSAR EN TÉRMINOS MONOTEÍSTAS

El nacimiento del judaísmo en la época persa se acompaña del nacimiento del monoteísmo. Pero como

---

31 Anke Joisten-Pruschke, *Das religiöse Leben der Juden von Elephantine in der Achämenidenzeit* (GOF.I NF, 2), Wiesbaden, Harrassowitz, 2008. Para una descripción de las relaciones entre la colonia de Elefantina y las autoridades de Jerusalén y Samaria ver Gard Granerød, *Dimensions of Yahwism in the Persian Period: Studies in the Religion and Society of the Judaean Community at Elephantine* (BZAW, 488), Berlin - New York, NY, de Gruyter, 2016, 24-80.

> ❧
>
> *La afirmación de un dios único, que trasciende "todo otro", plantea una serie de problemas teológicos. Si no hay más que un dios ¿de dónde viene el mal? ¿Hay que imaginarse un satanás opuesto a dios? ¿Por qué este dios único aparece en el inconsciente colectivo de la tradición judía como una figura masculina? Otro problema que se plantea es el de la mediación. ¿Cómo se puede tener acceso a este dios tan lejano?*
>
> ☙

nos lo recuerda Pierre Gilbert, "el monoteísmo es muy difícil de pensar".[32] La afirmación de un dios único, que trasciende "todo otro", plantea una serie de problemas teológicos. Si no hay más que un dios ¿de dónde viene el mal? ¿Hay que imaginarse un satanás opuesto a dios?[33] ¿Por qué este dios único aparece en el inconsciente colectivo de la tradición judía como una figura masculina? Otro problema que se plantea es el de la mediación. ¿Cómo se puede tener acceso a este dios tan lejano? El cristianismo de los primeros siglos elabora la doctrina de la Trinidad para intentar rendir cuentas del hecho que, el dios trascendental se encarnó en la persona de Jesús de Nazaret y está presente en la vida de cada cristiano por medio del Espíritu Santo. Pero ya

---

32 Pierre Gibert, « Le monothéisme est très difficile à penser ! », MoBi 124 (2000) 50-51.

33 Adolphe Lods, « Les origines de la figure de satan: ses fonctions à la cour céleste », en: (Éd.), *Mélanges syriens offerts à Monsieur René Dussaud* II (BAH, 30), Paris, Geuthner, 1939, 649-660 ; Peggy L. Day, *An Adversary in Heaven. Satan in the Hebrew Bible* (HSM, 43), Atlanta, GA, Scholars Press, 1988.

el judaísmo, se planteaba la pregunta sobre la mediación. Es así como vemos aparecer en los escritos de la época helenística, una angelología muy elaborada, que renueva de alguna manera los panteones tradicionales, donde el dios supremo está rodeado de otras divinidades que son responsables de los diferentes aspectos de la vida individual y colectiva.

El resultado de esta evolución se encuentra fuera de la Biblia Hebrea, en el Nuevo Testamento y en los escritos judíos como el libro de Enoc. Sus inicios, sin embargo, se reflejan notablemente en el libro de Zacarías (el ángel intérprete) y de Daniel. En el capítulo 8 del libro de Proverbios, la Sabiduría es personificada –al igual que la Ma'at de los egipcios, y se convierte en la contraparte de Dios durante la creación del mundo. Esto significa que no se puede oponer el politeísmo con el monoteísmo de una manera mecánica. Bien entendido, hoy se lee la Biblia, y con razón, como un "documento monoteísta", pero los autores y redactores bíblicos integraron igualmente rastros politeístas, como en el caso del libro de Job y en numerosos salmos donde Yahvé aparece rodeado por su corte celestial. Hay entonces, al menos parcialmente, una integración de la herencia politeísta en el discurso monoteísta de la Biblia hebrea. El monoteísmo bíblico no es una doctrina, es un fenómeno plural e invita a una reflexión sobre la difícil relación entre la unidad y la diversidad.

Traducción: *Daniel Mora.*
Revisión: *José E. Ramírez K.*

3
El monoteísmo

Thomas Römer
Collège de France

1. AKHENATÓN Y EL MONOTEÍSMO

El dios del Antiguo Testamento, como todas las divinidades del antiguo Cercano Oriente, tiene un nombre propio. Su nombre era "Yahvé" o "Yahu". El judaísmo, de seguido, se ha negado a pronunciar este nombre por la simple razón de que pronunciar el nombre de "alguien", brinda un cierto poder a la persona que lo nombra. En Gn 1, por ejemplo, Dios crea los diferentes elementos y los nomina, esto significa que los domina. En Gn 2, es el hombre quien "participa" en la creación y nominación de las criaturas.

El hecho de "nominar" puede entonces ser comprendido como un acto de poder. Y así, para evitar ciertas concepciones cuasi mágicas ligadas a la aprehensión del nombre, el judaísmo, a partir del siglo III a.e.c., no pronuncia más el nombre del dios de Israel, sino que lo ha remplazado por *hashem* o *shema* (en arameo) significando simplemente 'el nombre', o 'el Señor', traducción que se encuentra en muchas Biblias en francés. La traducción griega conoce ya esta práctica, por lo que traduce el tetragrama "Yhwh" por *Kyrios*, el Señor.

Se comprende la preocupación de insistir en la trascendencia del dios bíblico. Pero al rechazar la pronunciación del nombre propio de Dios, ¿no se corre el riesgo de alejarlo demasiado de los seres humanos? Llamar a cada uno por su nombre no es solamente un acto de poder, es también la posibilidad de entrar en contacto con él y de establecer una relación de confianza e intimidad.

Existe un texto en la Biblia hebraica que ilustra con fuerza esta tensión entre un dios trascendente e inaccesible[1] y un dios que se revela en la historia humana para acompañarles en sus dificultades y luchas. Este texto, Ex 3:12-15, se encuentra en el relato de la vocación de Moisés. Moisés, poco inclinado inicialmente a aceptar la misión que Dios le confía, formula toda una serie de objeciones a las cuales Dios responde. En primer lugar, <u>él</u> promete a Moisés su asistencia *ehyeh imka* "yo estaré contigo" (v. 12). Así, Moisés hace una segunda objeción y dice no saber bajo qué nombre debe presentar a Dios ante los Israelitas

---

1 El adjetivo empleado es "insaisissable", es decir, "no aprehendible", "furtivo" [Nota del traductor].

(v. 13). Dios responde, no con la revelación de su nombre sino, por una clase de transcripción *ehyeh asher ehyeh* "yo soy el que soy", o: "yo seré el que yo seré" (v. 14). ¿Cómo debe Moisés comprender esta auto-presentación de Dios?

Múltiples comentaristas afirman que no se trata de una revelación del nombre, sino más bien de un ocultamiento. Dios rechaza dar a conocer su nombre: "Yo soy el que soy, esto no lo verás".

Por lo tanto, el v. 13 es anticipado por el v. 12, donde Dios promete ayuda con el mismo verbo "ser", afirmando su voluntad de acompañar a Moisés y su pueblo. El nombre de Yahveh, dicho así, significa que él es un dios que interviene, que busca una relación: él quiere estar ahí, estar con cada persona. Dentro del contexto del v. 12, el <u>nombre</u> de Dios puede interpretarse como una promesa. Y en cuanto promesa, él escapa a ser apresado[2] por el ser humano. Dios "se ofrece" a su pueblo, pero al mismo tiempo permanece inaccesible.

> ☏
>
> *El nombre de Yahveh significa que él es un dios que interviene, que busca una relación: él quiere estar ahí, estar con cada persona... Dios "se ofrece" a su pueblo, pero al mismo tiempo permanece inaccesible.*
>
> ☙

Según los relatos de Ex 3 y 6 (cf. también Ez 20), el nombre de Yahveh no es conocido por el pueblo antes

---

2 El sustantivo empleado es "mainmise", es decir, "puesto en la mano" [Nota del traductor].

de la salida de Egipto. Estos textos manifiestan la idea de que Yahveh no era tenido desde el inicio como el dios de Israel. Yahveh no es un dios "autóctono" de Siria-Palestina. Además, él está ausente de todos los panteones cananeos, al menos, según los textos que conocemos hasta hoy. Esto significa que la relación entre Israel y su dios es el fruto de un encuentro, encuentro que se refleja en los relatos bíblicos de la revelación divina del Sinaí.

2. Dios es padre... ¿o madre?

Es evidente que la mayor parte de los textos vetero-testamentarios que hablan de manera antropomórfica de Dios lo presentan, conscientemente o no, como un varón. Los verbos en los que él es el sujeto o que hablan sobre él, son masculinos. A menudo, Dios es representado como Señor, maestro, pastor, rey. Pero contrariamente a lo que se podría imaginar, el hecho de llamar a Dios "padre" no es una especificidad bíblica. Ya en los textos ugaríticos, el dios *"El"* recibe el título de *"padre* de la humanidad". En los textos más antiguos de la Biblia hebraica, Dios es presentado como padre del rey exclusivamente. Luego de la desaparición de la monarquía y después de la destrucción y ocupación de Judá por los babilonios (587 a.e.c.), se comienza a utilizar la designación de Dios como padre para todo el pueblo, que ahora es considerado como hijo. Por lo tanto, en adelante, no es sólo el rey quien es hijo de Dios, sino toda la comunidad que se encuentra en esta relación de cercanía con Dios.

Queda, por tanto, la pregunta por un dios exclusivamente masculino. Una lectura atenta de la Biblia hebraica nos hace descubrir un dios que es también maternal.

Es en la segunda parte del libro de Isaías que las imágenes maternales de Dios aparecen más frecuentemente. Ante el miedo de que hubiese olvidado a su pueblo, Dios responde en Is 49:15 con el siguiente oráculo: "¿Olvida una mujer a su niño de pecho? ¿Olvida mostrar su ternura al hijo de sus entrañas? Aunque ellas así lo hicieran, yo no te olvidaré". La actitud de Yahveh respecto a Sión, que puede ser aquí el grupo de los no exilados que se sienten lejos de Dios, es comparada al amor de una madre por sus hijos. La referencia maternal es, entonces, evidente.

> ௸
>
> *Una lectura atenta de la Biblia hebraica nos hace descubrir un dios que es también maternal.*
>
> ௸

La metáfora de la infancia está presente en Is 42:14. En este versículo, el exilio del pueblo es explicado por el hecho de que Dios permanece inactivo. Pero esta época ha terminado, Dios actuará en favor de su pueblo. El inicio de esta intervención es descrito en el v. 14b de la forma siguiente: "Como mujer en labor de parto, voy yo a soplar, respirar y aspirar todo a la vez". La comparación es audaz: Yahveh es comparado con una mujer que se encuentra con dolores de parto. Sin embargo, en el verso precedente, el mismo Yahveh es presentado como "un guerrero... [que] lanzó un grito de alarma, un rugido, se comporta como héroe contra sus enemigos". Tenemos entonces el pasaje de un dios todopoderoso, guerrero, y el de un dios maternal que sufre, se podría igualmente decir que "se apasiona", por su pueblo.

Si abundan las imágenes maternales en Is 40s no es por casualidad. Es en este libro donde se expresa el credo monoteísta de la forma más clara. El profeta anónimo, que llamamos Segundo Isaías, denuncia todas las divinidades como quimeras. El único y verdadero dios es Yahveh, creador del mundo y redentor de Israel. Y si no hay otro dios como Dios, como lo dice el Segundo Isaías, este dios es a la vez padre y madre. Durante la época de la monarquía, el dios de Israel era venerado junto con una diosa, Asherá, como lo sabemos gracias a los descubrimientos arqueológicos recientes. En una concepción así, era la diosa quien materializaba los aspectos femeninos de la religión. Pero cuando se confiesa un dios único y trascendente, las experiencias de lo divino ligadas a lo femenino deben expresarse de forma distinta. Es por esta razón que un autor notablemente monoteísta como el Segundo Isaías insiste sobre los atributos femeninos para hablar de Dios.

La Biblia hebraica, el Antiguo Testamento de los cristianos, se presenta, así como la leemos hoy día, como un documento "monoteísta" en el sentido que ella confiesa el dios uno y único (Dt 6:4). El monoteísmo bíblico no puede, sin embargo, ser confundido con un discurso monolítico sobre Dios. Al contrario, los autores bíblicos consideran el monoteísmo desde una gran diversidad de acercamientos. Una lectura atenta de la Biblia hebraica, nos hace descubrir un dios que no es exclusivamente masculino, sino también maternal. Todas las imágenes violentas del dios uno, deben ser relativizadas a la luz del conjunto de textos que insisten sobre la primacía del amor divino.

3. Las imágenes violentas del dios uno

¿Cómo puede cohabitar la idea de un dios paternal o maternal con la de un dios vengativo? En algunos salmos se encuentran títulos divinos como "dios vengador" (Sal 99:8) o "dios de las venganzas" (Sal 94:1), acompañados de imágenes particularmente violentas.

De este modo, el salmo 58 refleja la situación de un individuo que se ve rodeado de "malvados" que se burlan de la justicia y el derecho (cf. v. 2-3): "Oh Dios, rompe los dientes de su boca […] El justo se alegrará cuando vea la venganza, se lavará los pies en la sangre de los malvados; y los hombres dirán: Ciertamente hay recompensa para el justo, ciertamente hay un Dios que juzga en la tierra" (Sal 58:7-12). Un texto como este es difícil de soportar. Se debe notar que el salmista remite sus deseos de venganza a la venganza divina. El hecho de transferir sus deseos de venganza a Dios, permite a la persona una especie de catarsis. Se pueden descargar sus propios deseos de venganza e impedir la explosión de la violencia. Estas observaciones no apuntan a la banalización de textos bíblicos que llaman a la venganza divina. Debemos asumir estos textos, pero debemos estar igualmente atentos al hecho de que estos discursos no son legítimos sin importar la situación. La Biblia muestra que no se puede encerrar a Dios en una concepción simétrica o que él se opone a quienes no están con él. El relato del diluvio (Gn 6-8) muestra un caso así. Dios responde a una humanidad violenta con la violencia del diluvio. Pero a fin de cuentas, Dios mismo se prohíbe el reiterar una venganza así: "Nunca más volveré a maldecir la tierra por causa del hombre, porque la intención del corazón del hombre es mala desde su juventud; nunca más volveré a destruir todo ser viviente como lo he hecho" (Gn 8:21). Desde el inicio, la Biblia insiste sobre la primacía del amor divino que relativiza todo texto que presente un dios justiciero.

Los textos bíblicos, que ponen en escena un dios guerrero, plantean un problema comparable al del dios vengador. ¿Cómo encarar textos bíblicos, el libro de Josué por ejemplo, que describen la instalación de Israel en la tierra prometida como parte de una conquista militar llevada a cabo bajo la conducta del dios de Israel? Los autores que nos han transmitido el libro de Josué, estaban siendo confrontados por la ideología asiria dominante en el antiguo Cercano Oriente de los siglos IX al VII a.e.c. Según esta ideología asiria, Assur, el dios nacional del imperio, era un dios invencible que conducía todas las guerras de Asiria con el fin de someter todos los pueblos. Para los teólogos judíos, esta ideología iba en contra de la soberanía del dios de Israel. Ellos han asumido, entonces, el modelo asirio y lo han vuelto contra los mismos asirios. Querían mostrar que Yahveh era más fuerte que Assur y que el dios de Israel había cedido, a su pueblo, el país de Canaán (con todos sus habitantes) como recompensa. Ahora bien, los habitantes del

> ❦
>
> *Los autores que nos han transmitido el libro de Josué estaban siendo confrontados por la ideología asiria dominante... Assur era un dios invencible que conducía todas las guerras de Asiria con el fin de someter todos los pueblos... los teólogos judíos han asumido el modelo asirio y lo han vuelto contra los mismos asirios.*
>
> ❧

país en esa época eran justamente los asirios. Los relatos que presentan una victoria contra los cananeos apuntan entonces, en primer lugar, a los asirios. Los autores de Josué afirman así la superioridad de Yahveh sobre Asiria y todos sus dioses, al precio de convertir a Yahveh en un dios guerrero como Assur.

No podemos negar el peso de la imagen de un dios bélico en la Biblia hebraica. No obstante, se debe también subrayar el hecho de que esta imagen, gracias a la crítica, es balanceada por relecturas que la modifican. Encontramos en numerosos textos del Antiguo Testamento una desmilitarización de la guerra, notablemente en Ex 14, el relato del paso del mar Rojo.

Desde hace bastante tiempo, hay evidencia que este relato se compone de dos versiones diferentes. Se distingue al interior de Ex 14 una versión sacerdotal, escrita por los sacerdotes, y una versión que podemos denominar "deuteronomista", pues sus autores se inspiran en la ideología y estilo del Deuteronomio. Esta versión deuteronomista requiere la ideología de un dios guerrero. Sin embargo, se puede observar una desmilitarización de este concepto. Lo que es particularmente llamativo en el relato de Ex 14, es la exhortación dirigida a Israel a permanecer quieto. Es Yahveh, solamente, quien combate. Israel no tiene más que ver y creer (v. 14: "Es el Señor quien combatirá por ustedes. Y ustedes, ustedes descansarán tranquilos"). El autor deuteronomista de Ex 14 insiste en el poder de Yahveh en una situación de crisis (probablemente el exilio babilónico), donde este poder fue cuestionado. Este texto, por lo tanto, es destinado a un público privado de todo poder político y guerrero, e incapaz de ser instrumento de su propia liberación. La liberación no puede venir sino solo de Yahveh.

Los autores sacerdotales abordan el acontecimiento del cruce del mar bajo una óptica diferente a la de sus colegas deuteronomistas.

La versión sacerdotal de Ex 14 se centra desde el principio en establecer una correspondencia cercana entre los relatos de la creación de Gn 1 y el relato del diluvio de Gn 6-8. Se encuentra, en efecto, un cierto número de palabras clave comunes entre ambos relatos: "división" (Ex 14:16.21) reenvía a Gn 1.2 donde Dios separa las aguas primordiales, y a Gn 7:11 donde Dios separa las reservas del Abismo. La expresión *yabbasha'* "tierra seca" (Ex 14:16, 22, 29) se encuentra en Gn 1:9,10 cuando la tierra firme es creada, y en Gn 8:7, 14 para designar la tierra habitable de cara a las aguas caóticas del diluvio. Igualmente *betok hayyam* "en el medio del mar" (Ex 14:16, 22, 23, 27, 29) aparece en Gn 1:6 para describir la aparición del firmamento en medio de las aguas. Mediante estas correspondencias, se trata de mostrar que el cruce del mar es un acto creador: Dios crea a su pueblo. Las aguas peligrosas y las aguas divididas nos regresan a Gn 1, donde las aguas deben ser separadas para que aparezca la tierra y brote la vida. En Ex 14, los autores sacerdotales quieren mostrar que Israel surge también de la voluntad creadora de Dios.

Para el relato sacerdotal, la travesía del pueblo se transforma casi en una procesión, y se podría encontrar un simbolismo aún más fuerte. En Ex 14:22 se dice que las aguas formaban una muralla a la izquierda y a la derecha de Israel. La "izquierda" *semo'l* puede designar el norte (Gn 14:15; Jos 19:27), la "derecha" *yamin*, el sur (Jos 17:7). Estas direcciones se comprenden si la persona se orienta en referencia al este. Y el "mar" *yam* es, en efecto, el nombre que significa también el oeste. Israel debe dejar el mar para ir hacia el este. El oeste, en la mitología del antiguo Cercano Oriente, significa el ocaso, el infierno, el lugar de la muerte. Y los templos son, en general, orientados hacia el este. Así, el pasaje del cruce de las aguas divididas puede evocar rituales que simbolizan un nuevo nacimiento. Es bastante comprensible entonces, que Pablo y otros autores cristianos vean en el pasaje de Ex 14 la prefiguración del bautismo. Esta experiencia del paso de un camino de muerte a un camino de vida, abierto por Dios, está en el centro de la misma Biblia.

> ೞ
>
> *El pasaje del cruce de las aguas divididas (del éxodo) puede evocar rituales que simbolizan un nuevo nacimiento. Es bastante comprensible entonces, que Pablo y otros autores cristianos vean en el pasaje de Ex 14 la prefiguración del bautismo.*
>
> ಬ

4. La libertad del Dios uno

La insistencia en la libertad de Dios es el tema del pequeño libro de Jonás. Según el relato, Nínive, ciudad que simboliza todas las amenazas que el pueblo hebreo debe enfrentar, será salvada por Dios a pesar del oráculo de juicio que él obliga al profeta a pronunciar. Dios puede entonces cambiar de decisión, él es libre, igualmente después de la proclamación de la palabra profética. Los marinos paganos comprenden esto mejor, pues exclaman, aún antes que Jonás: "Tú eres Yahveh, tú haces lo que quieres" (1:14). Jonás, en venganza, acusa a Dios de desacreditarle, al no realizar la destrucción anunciada (4:1-3). Dios, entonces, va a educar al profeta para mostrarle que su libertad y su misericordia rompen definitivamente el corsé de causalidad en la que el ser humano está siempre tentado a encerrar a Dios. Este pequeño libro, un poco marginal en la colección de los libros proféticos, contiene una clave fundamental para la inteligencia del Dios de la Biblia hebraica: la voluntad última de Dios es salvar a la humanidad entera.

Traducción: *Hanzel Zúñiga V.*
Revisión: *José E. Ramírez K.*

4

"La invención de Dios":
Los orígenes y la evolución del dios de Israel

Thomas Römer
Collège de France

¿Se puede inventar a Dios? Muchos especialistas en ciencias de las religiones responderían afirmativamente, mientras que numerosos teólogos tendrían a mal hablar de una invención de dios. Sin embargo, el teólogo Martín Lutero ya había preguntado en su gran catecismo "¿Qué es un dios?" y había dado una respuesta: "Worauf du nun (sage ich) dein Herz hängst und verslässest, das ist eigentlich dein Gott"[1] ("A

---

1 Martin Luther, *Der große Katechismus (Deudsch Catechismus)*, 1529. URL: http://www.payer.de/fremd/luther.htm

lo que tu corazón se aferre y confíe, he ahí tu Dios"). Se puede leer esta definición en el sentido que Lutero admitía que el ser humano puede inventar dioses, dioses que él mismo calificará en seguida de "ídolos" o falsos dioses.

Es posible entonces inventarse uno o varios dioses. En lo que concierne al título de este artículo, que buscará rastrear el origen y la carrera del dios bíblico, quien se convertirá muy pronto en el "dios único", no se pretende, de forma alguna, decir que algunos beduinos se habrían reunido alrededor del fuego del campo o algunos escribas judíos en su escritorio del templo de Jerusalén para inventar su divinidad tutelar. Más que eso, se debe entender el término "invención" en el sentido de un descubrimiento: se descubre un dios que se transforma y se reinventa conforme los cambios que afectan al grupo o al pueblo que él acompaña. Así pues, la tarea de un historiador de las religiones es la de reconstruir esta invención colectiva del dios de Israel y Judá que se encuentra en el origen del judaísmo, del cristianismo y también del islam.

Así pues, se trata de un estudio donde, como había dicho ya el padre Lagrange, "la filología, la crítica literaria, la historia -todas las maneras de hacer historia- suponen un grado de contingencia".[2] Igualmente, recordemos su posición en la segunda edición de *La méthode historique*, donde afirma:

> Ningún exégeta católico puede tener la pretensión de sustraerse del juicio de la Iglesia; pero ninguna autoridad

---

2 Marie-Joseph Lagrange, "L'esprit traditionnel et l'esprit critique. A propos des origines de la Vulgate", dans *Bulletin de littérature ecclésiastique* 1, 1899, pp. 37-50, p. 37.

puede minimizar nuestras producciones, por su parte científicas, a juicio de hombres competentes.[3]

Cuando comencé mis estudios en Alemania a mediados de los años 70, las ciencias bíblicas fueron sacudidas por la puesta en entredicho de los modelos explicativos y las dataciones tradicionales de los textos de la Biblia Hebrea, particularmente los que conforman la Torá, el Pentateuco. Tuve la oportunidad de tener como profesor en Heidelberg a Rolf Rendtorff, que nos dejó en 2014, uno de los artesanos de la nueva crítica bíblica.[4] Él nos enseñó que los textos del Pentateuco, tal como los conocemos, datan de épocas más bien recientes, a saber, entre los siglos VII y IV antes de la era cristiana. El Pentateuco solamente pudo ser escrito después de la caída de Jerusalén, de la destrucción del templo en el 587 antes de la era cristiana y de la deportación de una parte la *intelligentsia* de Judea a Babilonia. Es, probablemente, hacia el 400 antes de nuestra era que los diferentes medios intelectuales de Judea, pero también medios samaritanos, se pusieron de acuerdo para publicar la Torá, que se convertiría en el documento fundador del judaísmo naciente. Esta hipótesis es, hoy día, ampliamente aceptada, al menos por los investigadores europeos (curiosamente existe siempre una brecha importante entre las ciencias bíblicas norteamericanas y las europeas).[5] Esta nueva datación de

---

3 Marie-Joseph Lagrange, *La méthode historique*, 2ᵉ édition, Paris: V. Lecoffre, 1904, p. XVIII.

4 Rolff Rendtorff, *Das überlieferungsgeschichtliche Problem des Pentateuch* (BZAW 147), Berlin – New York: de Gruyter, 1976.

5 Christophe Nihan – Thomas Römer, "Le débat actuel sur la formation du Pentateuque", dans Römer, T. – Macchi, J. D. – Nihan, C. (Éds.), *Introduction à l'Ancien Testament* (Le Monde de la Bible 49), Genève: Labor et Fides, 2009 (2ᵉ éd.), pp. 158-184.

los textos bíblicos implicaba, como consecuencia, un gran escepticismo en cuanto a la posibilidad de reconstruir los orígenes de Israel y de YHWH: con textos tan recientes no podríamos remontarnos al final del segundo o al inicio del primer milenio de antes de la era cristiana.

Así, el estudio de los orígenes de YHWH rompe un cierto tabú para muchos de mis colegas, que muestran un escepticismo sano hacia el valor histórico de los textos bíblicos asumidos como construcciones teológicas tardías. Contra este rechazo a reconstruir los orígenes, se puede, sin embargo, recordar que los textos bíblicos, igualmente recientes, no son puras invenciones intelectuales. La literatura bíblica es una literatura de tradición. Aquéllos que la han escrito, la han recibido y han tenido el tiempo de transformarla, interpretarla y reescribirla nuevamente, modificando las versiones más antiguas de una forma drástica pero fundada. En la mayoría de los casos, sobre núcleos arcaicos que han podido ser redactados muy tardíamente, se conservaron siempre "trazos de memoria" de tradiciones y eventos anteriores. Esta "larga marcha" de la memoria está atestiguada en el entorno del mundo bíblico. Mientras el sacerdote egipcio Manetón escribía en griego hacia el siglo III antes de la era cristiana, nos informaba sobre el reino de los Hicsos y la revolución teológica de Akenatón, acontecimientos que se desarrollaron más de mil años antes de su época.[6]

Aunque está excluido, evidentemente, considerar los relatos bíblicos como fuentes de "primera mano",

---

6 Youri Volokhine, "L'Egypte et la Bible: histoire et memoire. A propos de la question de l'Exode et de quelques autres thèmes", en: *BSEG* 24, 2000-2001, pp. 83-106.

ellos contienen no pocos datos para que un historiador pueda, en parte al menos, emprender una lectura crítica que le permita identificar en ellos su lenguaje mítico e ideológico. Así, me parece legítimo volver sobre una tradición que, bien respaldada a inicios del siglo XX, estaba muy interesada en los orígenes del dios de Israel. No obstante, hoy tenemos mejores cartas para retomar esta búsqueda, gracias a los numerosos descubrimientos arqueológicos que han enriquecido enormemente nuestra documentación epigráfica e iconográfica. Esta búsqueda vuelve entonces, sobre investigaciones del tipo de "L'évolution religieuse d'Israël" de Edouard Dhorme[7], que fue hermano de congregación del padre M.J. Lagrange antes de ser llamado al *Collège de France*. Acerca de esta obra, el padre Lagrange quería publicar una recensión, pero no pudo: le fue prohibido.[8]

Propongo así, rastrear la carrera del dios bíblico tratando de reconstruir su "biografía" a partir de los siguientes puntos: 1) su

> ☙
>
> *Propongo así, rastrear la carrera del dios bíblico tratando de reconstruir su "biografía" a partir de los siguientes puntos: 1) su nombre y sus orígenes; 2) los inicios de su carrera como dios dinástico; 3) sus diferentes cultos en Israel y en Judá; 4) su transformación en dios UNO y 5) su transformación del dios UNO al dios ÚNICO.*
>
> ❧

---

7 Edovard Dhorme, *L'évolution religieuse d'Israël* (Institut de philologie et d'histoires orientales et slaves de l'Université de Bruxelles. Série de l'Orient ancien), Bruxelles: Nouvelle société d'éditions, 1973.

8 Bernard Montagnes, *Marie-Joseph Lagrange: une biographie critique* (Histoire Biographie), Paris: Éd. du Cerf, 2004, pp. 498s.

nombre y sus orígenes; 2) los inicios de su carrera como dios dinástico; 3) sus diferentes cultos en Israel y en Judá; 4) su transformación en dios UNO y 5) su transformación del dios UNO al dios ÚNICO.

1. El nombre y los orígenes de YHWH

El judaísmo no pronuncia el nombre de su dios y lo ha sustituido en la lectura de los textos bíblicos por "Adonay" (el Señor) o Ha-Shem (el nombre). La primera sustitución es atestiguada ya en la traducción griega del Pentateuco que remplaza el nombre de Dios por "kyrios", "Señor". ¿De dónde viene este tabú? Notemos, en primer lugar, que este dios porta de entrada un nombre propio del cual conocemos con certeza las cuatro consonantes Y-H-W-H. Pero, si le damos nombre a alguien es para distinguirlo de otras personas y, en el caso del dios bíblico, para distinguirlo de otros dioses. No sabemos con certeza cuál era la pronunciación exacta de este tetragrama. Con frecuencia se utiliza la vocalización "Yahvé", que puede apoyarse en las transliteraciones de algunos Padres de la Iglesia y es también presupuesta en el único texto bíblico que reflexiona sobre el origen y la significación del nombre divino. Se trata del relato de la vocación de Moisés en Éxodo 3: Moisés se reúne, mientras que se encuentra en el país de Madián, con un dios misterioso que lo llama a su servicio, para hacer salir a los hebreos de Egipto. Así, Moisés pide el nombre al dios que le responderá de manera enigmática: "Yo seré quien yo seré/Yo soy el que soy" (*'ehyeh ašer 'ehyeh*). Se puede, con Martin Buber y otros, comprender esta respuesta como un rechazo a revelar su nombre: "'Yo soy el que soy', esto no te concierne".[9] Pero, al mismo tiempo, el *'ehyèh* hace pensar en efecto, en la pronunciación de Yahvé. El texto bíblico también parece querer explicar este nombre desde la raíz "ser", aunque no se trate allí la etimología original del nombre. Es igualmente posible que Yahvé sea la variante de otra pronunciación como "Yaho" o "Yahu", atestiguada siempre en nombres propios como Yirmiyahu (Jeremías) o Yeshayahu (Isaías). Durante el proceso en que Yahvé o Yahu se convertía, al final de su carrera, en dios único, se encontró inapropiado que ese dios único llevase un nombre propio. Sin duda, es a partir de esta reflexión y también del hecho que, posiblemente en ciertos medios, se utilizaba este nombre con fines mágicos, que el judaísmo inventó el tabú referente a la pronunciación del nombre.

¿De dónde viene este dios Yahvé o Yahu? Existen muchos indicios que apuntan hacia su origen en el Sur. En primer lugar, algunos textos bíblicos suficientemente antiguos describen una teofanía, una aparición de YHWH explicando cómo éste sale de su morada. Así, en el capítulo 5 del libro de Jueces, el cántico de victoria de una coalición de algunas tribus israelitas contra un enemigo cananeo, en la que la versión primitiva es considerada enseguida como uno de los textos más antiguos de toda la Biblia hebrea, se puede leer: "YHWH, cuando saliste de Seír, cuando avanzaste desde el país de Edom, la tierra tembló, así como el cielo se abrió, de las nubes brotaron corrientes de agua" (Jc 5:4). Una afirmación similar se encuentra en un texto poético que forma parte del

---

9 Martin Buber, *Moïse* (trad. de l'allemand par A. Kohn), Paris: Presses universitaires de France, 1957, p. 56f.

libro del Deuteronomio: "YHWH vino del Sinaí, para ellos brilló desde el Seír, resplandeció desde el monte Parán; llegó a Meribat de Qadesh" (Dt 33:2). Estos dos textos coinciden en la idea del origen de YHWH en Seír (Edom), un territorio próximo al lugar donde la historia de Moisés sitúa el país de Madián, hacia donde él escapó del faraón. Y es justamente en el país de Madián que YHWH se revela por primera vez a Moisés. En estos textos, el Sinaí con que se identifica a YHWH, no corresponde al Sinaí actual, cuya localización se remonta a una tradición antigua, pero una tradición cristiana del siglo IV de nuestra era.

En estos textos que hablan de un YHWH venido del Sur, el Sinaí parece situarse al sur de Edom, al sur del Néguev, entre Egipto y Palestina. Esta localización también es confirmada por una especie de "motivo ciego" que aparece en el libro del Éxodo. Mientras que toda la historia del éxodo gira alrededor del proyecto de YHWH para hacer salir a su pueblo de la esclavitud de Egipto, Moisés le pide al faraón, reiteradamente, otorgar su permiso para que los hebreos puedan ofrecer un sacrificio a su dios, que se encontraba sobre una montaña a tres días de camino de Egipto, y regresar luego. Los comentaristas, desconcertados, han explicado la solicitud como una simple táctica de Moisés. Pero es más plausible que estos textos conserven la memoria del origen de YHWH en alguna parte entre las fronteras de Egipto y el Levante, en una región que algunos textos bíblicos denominan "Madián", territorio en el cual Moisés "descubre" al dios que se convertiría luego en dios de Israel.

La tesis de los orígenes sureños de YHWH puede apoyarse igualmente en algunos textos egipcios de los últimos siglos del segundo milenio. Se menciona a los grupos nómadas de los *shasu,* descritos en el "s-'-r-r". Esto puede ser una transcripción de "Seír" así como podríamos tener, por el topónimo "yahwa", el primer testimonio del nombre YHWH en una montaña divinizada en alguna parte en la región minera próxima a Eilat.

Cabe mencionar también los descubrimientos de Kuntillet Ajrud, probablemente una estación de caravanas sobre la antigua ruta que unía Gaza con Eilat.[10] Se han encontrado allí inscripciones de inicios del siglo VIII antes de nuestra era que mencionan un "YHWH de Samaría" y un "YHWH de Temán". Estas inscripciones prueban que YHWH fue venerado, al igual que algunos de sus colegas del Levante, bajo manifestaciones diferentes, ligadas a santuarios diferentes. La expresión "YHWH de Temán" es particularmente interesante: se trata, con probabilidad, de un YHWH del Sur que no se encuentra en territorio de Judea, sino que podría ser edomita. Así, YHWH fue venerado, posiblemente todavía en el siglo VIII, en los alrededores de Israel y Judá.

Este origen sureño, que me parece bastante defendible, es fuertemente debatido por los biblistas de Berlín que se apoyan en un trabajo de H. Pfeiffer.[11] Según él, los textos bíblicos que hablan de un origen sureño de YHWH habrían sido redactados después de la destrucción de

---

10 Zeev Meshel – L. Freud, *Kuntillet 'Ajrud (Ḥorvat Teman): An Iron Age II Religious Site on the Judah-Sinai Border,* Jerusalem: Israel Exploration Society, 2012.

11 Henrik Pfeiffer, *Jahwes Kommen von Süden: Jdc 5, Hab 3, Dtn 33 und Ps 68 in ihrem literatur- und theologiegeschichtlichen Umfeld* (FRLANT 211), Göttingen: Vandenhoeck & Ruprecht, 2005.

Jerusalén por los babilonios, con el objetivo de atenuar la pérdida del santuario de YHWH en Jerusalén y trasladarlo a las afueras del país de Judá, en el desierto, a territorio "enemigo". Para los colegas de Berlín, YHWH habría sido desde siempre una divinidad cananea o judía autóctona. Sin embargo, que estos textos poéticos y gramaticalmente difíciles fuesen una invención teológica deliberada de los redactores de la época babilónica o persa, parece -de primera entrada, una idea anacrónica. La tesis de que YHWH habría sido una divinidad autóctona choca también con la onomástica, con los nombres de lugares en Israel y en Judá. Estos topónimos no son construidos para beneficiar el nombre de YHWH, sino que testimonian divinidades como El (*Beth-El*: uno de los mayores santuarios de Israel), Baal (*Baal-Perasim*, 2 S 5:20, el sitio donde David vence a los filisteos), Dagón (*Beth-Dagón*, Jos 15:41, una localidad situada en el territorio de Judá), etc.

> ☙
>
> *Que YHWH no ha sido desde siempre el dios de Israel es, además, algo atestiguado por el nombre "Israel" que comporta el elemento teofórico "El" y no "YHWH". Aparentemente, este nombre, mencionado fuera de la Biblia por primera vez en la estela de victoria del faraón Merneptah (hacia el 1220 antes de la era cristiana).*
>
> ❧

Que YHWH no ha sido desde siempre el dios de Israel es, además, algo atestiguado por el nombre "Israel" que comporta el elemento teofórico "El" y no "YHWH". Aparentemente, este nombre, mencionado fuera de la Biblia por primera vez en la estela de victoria del faraón Merneptah (hacia el 1220 antes de la era cristiana), es más antiguo que la veneración de YHWH por el grupo que él designa. La Biblia, en sí misma, guarda la memoria de que la relación entre Israel y YHWH no existió desde siempre, sino que es el fruto de un encuentro. En el relato del Éxodo, este encuentro está ligado a la figura de Moisés cuya historicidad no puede ser afirmada y que es, sobre todo, el reflejo de una realidad histórica bien atestiguada, a saber, la presencia de altos funcionarios de origen semita en la corte egipcia. Las dos versiones de la vocación de Moisés en los capítulos 3 y 6 del libro del Éxodo (cap. 3) convergen en la idea de que YHWH era, previamente, un dios cuyo nombre era desconocido por los hebreos.

YHWH era, entonces, un dios comparado al dios egipcio Set, un dios de las estepas y un dios guerrero. Sellos en forma de escarabajos encontrados en el Neguev y en Judá, dibujan un personaje, probablemente una divinidad, domesticando avestruces. Según Othmar Keel y Christoph Uehlinger, podría tratarse de representaciones de YHWH.[12] Su veneración por un grupo llamado Israel está atestiguada por un grupo de nómadas shasu que veneraban a YHWH. En la tradición bíblica, la gran teofanía de YHWH en el Sinaí, presente en Éxodo, puede guardar algunos trazos de memoria sobre la forma en que YHWH se convirtió en el dios de Israel.

2. YHWH COMO DIOS DINÁSTICO

YHWH debió ser adoptado como dios tutelar por los primeros reyes de Israel, aunque los relatos bíblicos sobre

---

12 Othmar Keel – C. Uehlinger, *Dieux, déeses et figures divines. Les sources iconographiques de l'histoire de la religion d'Israël*, Paris: Cerf, 2001, pp. 142-144.

Saúl, David y Salomón son marcadamente legendarios. Desde hace algunas décadas, se ha descubierto que el nombre de David podría estar atestiguado en la inscripción de victoria de un rey arameo que se jacta de haber puesto fin a la "casa de David", expresión que designa al reino de Judá.[13] La inscripción de Tel Dan, si esta interpretación anterior es correcta, prueba que en el siglo VIII antes de nuestra era, David era considerado el fundador de la dinastía de los reyes de Judá.

Esto me da pie para mencionar brevemente el sitio de Khirbet Qeiyafa en Judea, que ha sido recientemente excavado y que ha permitido hacer varios descubrimientos importantes.[14] Este sitio, que data en efecto del siglo X probaría, según el responsable de las excavaciones Y. Garfinkel, la existencia de David. Sin embargo, no hay ningún elemento que se pueda poner en relación con David: el supuesto centro administrativo de David puede representar cualquier tipo de habitación (que, de todos modos, no es tampoco nada grandioso). Es más, no ha sido aportada ninguna prueba decisiva según la cual el sitio sería verdaderamente parte del reino de David. El arqueólogo debe permanecer prudente, así como el filólogo y el historiador. No obstante, a la luz de los conocimientos actuales, se puede estar relativamente seguro que es un sitio cercano al siglo X, tiempo en el que YHWH se convirtió en un dios dinástico.

---

13 Cf. George Athas, *The Tel Dan Inscription. A Reappraisal and a New Interpretation* (JSOTSup 360; Copenhagen International Seminar 12), London – New York: Sheffield Academic Press, 2003.

14 Yosef Garfinkel – I. Kreimerman – P. Zilberg, *Debating Khirbet Qeiyafa: A Fortified City in Judah from the Time of David*, Jerusalem: Israel Exploration Society. The Hebrew University of Jerusalem, 2015.

Según el relato bíblico, es David quien traslada YHWH a Jerusalén y es Salomón quien lo instala en el templo. Previamente estuvo ligado al arca, y es por eso que se acostumbra traducir la palabra hebrea *'arôn* como "caja" o "cofre". El arca simboliza la movilidad de YHWH, posiblemente vinculado aún a una montaña, que acompaña a su "pueblo" o a su "ejército" en guerra. Más tarde, el arca fue transformada por los autores bíblicos en "el arca de la alianza", pues contenía las tablas de la ley, y el primer libro de Reyes consta esto de modo apologético: "No hay *nada* en el arca, sólo las dos tablas de piedra depositadas por Moisés en el Horeb" (1 R 8:9). Este texto indica muy claramente que las tablas de la ley vinieron a substituir otra cosa, podría ser una estatua que representaba a YHWH. Notemos que en Khirbet Qeiyafa se encontró un objeto que podría corresponder a esta arca.[15]

Al entrar al templo de Jerusalén, YHWH, él no es, al parecer, la única divinidad allí. Había, aparentemente, otras divinidades. Al menos es lo que parece indicar un pequeño texto poético cuya versión griega en 3 Reyes 8:53a[16] se distingue de forma significativa de la versión hebrea. Estas diferencias permiten, según O. Keel[17], reconstruir el texto primitivo como sigue:

---

15 Yosef Garfinkel, et. al., *Khirbet Qeiyafa* (ver n. 14), p. 93.

16 Denominación dada por la LXX y la Vulgata al libro primero de los Reyes, continuación de 1 y 2 Samuel (que serían el primero y segundo libro de Reyes). [Nota del traductor].

17 Othmar Keel, "Der salomonische Tempelweihspruch. Beobachtungen zum religionsgeschichtlichen Kontext des Ersten Jerusalemer Tempel": Keel, O. – Zenger, E. (ed.), *Gottesstadt und Gottesgarten. Zur Geschichte und Theologie des Jerusalemer Tempels*, Freiburg – Wien – Basel: Herder, 2002, pp. 9-22.

El Sol (Shamash) lo dio a conocer desde el cielo: "YHWH dijo que quería habitar en la oscuridad."

Esta reconstrucción nos permite concluir que el templo de Jerusalén fue, originalmente, un santuario para Shamash, dios solar y de la justicia, con quien YHWH cohabitó antes de retomar las funciones del dios sol y substituirlo. La cohabitación de dos divinidades no era un hecho aislado. En el cilindro de Nabónido en Sippar (556-539 antes de nuestra era), se describe la restauración de tres templos, el cilindro dice: "Marduk me dijo [...] construye Ehul y has que Sin, el gran señor, establezca ahí su residencia".[18] Según 3 Reyes 8:53a, el dios solar informa a Salomón que YHWH quiere habitar en el "espeso nublado", en las "tinieblas", que son el dominio de YHWH en tanto que dios de la tormenta y de la guerra, como lo testifica, por ejemplo, el Salmo 18:10 "Rasgando el cielo, descendió, pisando sobre oscuros nubarrones".

> ❧
>
> *Esta reconstrucción nos permite concluir que el templo de Jerusalén fue, originalmente, un santuario para Shamash, dios solar y de la justicia, con quien YHWH cohabitó antes de retomar las funciones del dios sol y substituirlo. La cohabitación de dos divinidades no era un hecho aislado.*
>
> ☙

---

18 Paul-Alain Beaulieu, "The Sippar Cylinder of Nabonidus": Hallo, W. W. (ed.), *The Context of Scripture. Volume II: Monumental Inscription from Biblical World*, Leiden – Boston – Köln: Brill, 2000, pp. 310-313, p. 311.

3. Los cultos de YHWH
en Israel y en Judá

Como dios dinástico, YHWH tiene una particularidad: es venerado en Israel, en "el reino del Norte" y en Judá, "el reino del Sur". Esto se explica, sin duda, porque la confederación de tribus israelitas estaba constituida por dos reinos de los cuales Israel era el más importante hasta su desaparición en el 722.

Otro texto poético del libro del Deuteronomio puede suministrar algunas indicaciones sobre la manera de comprender el rol que jugaba YHWH: "Cuando el Altísimo dio su herencia a las naciones, cuando dividió a toda la humanidad, le puso límites a los pueblos según el número de los hijos de Israel. Porque la porción del Señor es su pueblo; Jacob es su herencia asignada." (Dt 32:8-9).

No es evidente quién es el Altísimo (en el contexto del Deuteronomio, pensaríamos sin duda en YHWH, mencionado de seguido), ni por qué un dios fija los territorios de las naciones según en número de los hijos de Israel, ni por qué Jacob es el patrimonio de YHWH. Por ende, es posible que los redactores hayan modificado una idea que juzgaron más conforme con sus opciones teológicas, pero que podemos reconstruir inspirándonos en el texto griego y en un fragmento del Deuteronomio encontrado en Qumrán. De este modo, el texto primitivo puede ser reconstruido entonces como sigue:

Cuando Elyon (el Altísimo) dio las naciones en heredad, cuando él repartió a los hombres, fijó los territorios de los pueblos según el número de los hijos de El. En efecto, la parte de YHWH es su pueblo, Jacob es su parte en heredad.[19]

Aquí se pone en escena una asamblea de divinidades presidida por Elyon quien, al momento de la creación y de la organización del mundo, destinó un pueblo a cada uno de sus hijos. Elyon, bien atestiguado ya en el primer milenio antes de nuestra era, podría ser el nombre propio de una divinidad o un título atribuido al dios El, quien presidía los panteones cananeos, lo que parece ser el caso aquí. Este fragmento mítico explica que El, quien según los textos de Ugarit tenía 70 hijos, organizó el mundo poniendo bajo el patronazgo de cada uno ellos a cada pueblo. El poema explica así la diversidad de los pueblos y de sus dioses tutelares. YHWH es, entonces, el dios tutelar de Israel, como Kemosh es el dios de los Moabitas, o Milkom el dios de los Amonitas. Desde esta perspectiva, se les podría calificar de dioses "hermanos". La misma idea se refleja en el Salmo 82 que evoca a los dioses destacados en la asamblea de El (v.1), todos llamados hijos de Elyon (v.6).

Al Norte, en el reino de Judá, cerca de las ciudades estado arameas y fenicias, YHWH era venerado como un "ba'al", nombre dado a los dioses de la tormenta, particularmente populares e importantes en Levante. En algunos salmos originarios del reino del Norte, YHWH es muy semejante al Baal de Ugarit, un pequeño reino de Siria, fuerte, próspero e importante en el siglo XIII antes de nuestra era. Así, YHWH es llamado en estos

---

19 Para una reconstrucción similar cf. Jan Joosten, "Deuteronome 32,8-9 et les commencements de la religion d'Israël": Bons, T. – Legrand, T. (eds.), *Le monothéisme biblique. Evolution, contextes et perspectives* (Lectio Divina 244), Paris. Ed. Du Cerf, 2011, pp. 91-108.

salmos "jinete de las nubes", como el Baal de Ugarit. El Salmo 29, que viene probablemente del Norte, describe con claridad a YHWH como un dios de la tormenta que domestica las aguas, al igual que el Baal de Ugarit[20]:

"3 La voz de YHWH suena sobre las aguas [...] es YHWH sobre las aguas caudalosas. 4 La voz de YHWH con poder, la voz de YHWH con majestad. 5 La voz de YHWH desgaja los cedros, desgaja YHWH los cedros del Líbano, 6 hace brincar como novillo al Líbano, al Sarión como joven búfalo. 7 La voz de YHWH afila llamaradas. 8 La voz de YHWH hace temblar el desierto, estremece YHWH la estepa santa.[21] 9 La voz de YHWH retuerce las encinas, deja desnudas las selvas. Todo en su templo grita: ¡Gloria!".

El salmo afirma el poder de YHWH sobre las aguas y la naturaleza, siendo comparado con un novillo al igual que Baal. Sin duda, es en este contexto en el que se debe comprender la lucha encarnizada del profeta Elías contra el

ℭ

Es posible que el rey Ajab y su mujer fenicia Jezabel hayan querido hacer de un baal fenicio, el dios dinástico... El combate encarnizado del cual YHWH saldrá vencedor, se explica por el hecho de que el Baal YHWH y el Baal fenicio tenían las mismas funciones y competencias, de tal forma que una cohabitación de los dos dioses era imposible.

ℰ

20 Oswald Loretz, *Psalm 29: kanaanäische El-und Baaltraditionen in jüdischer Sicht* (Ugaritisch-biblische Literatur 2), Altenberge: CIS-Verlag, 1984.

21 La "estepa santa", que está igualmente atestiguada en Ugarit en el mito de Shahar y Shamilu (dioses de la aurora y el crepúsculo), se convirtió, en el texto masorético, en el "desierto de Cadés".

culto a Baal en el reino de Judá, lucha descrita en los libros de Reyes (1 Re 18). Es posible que el rey Ajab y su mujer fenicia Jezabel hayan querido hacer de un baal fenicio, el dios dinástico, lo que provocó la revuelta de los medios yahvistas del Norte. El combate encarnizado del cual YHWH saldrá vencedor, se explica por el hecho de que el Baal YHWH y el Baal fenicio tenían las mismas funciones y competencias, de tal forma que una cohabitación de los dos dioses era imposible.

El caso es muy diferente con El, el dios supremo de los panteones cananeos, dios sabio, creador del mundo y de los seres humanos, y que aparece siempre sentado en sus representaciones. No encontramos en los textos bíblicos ninguna polémica contra este dios El. Existen numerosos textos de identificación que indican que YHWH es El. Sin duda, esta evolución se originó en el Sur. En Judá, donde había sido identificado con Shamash, YHWH fue imaginado como un dios del tipo El, reinante sobre los querubines en el templo de Jerusalén.

¿Qué decir de las representaciones de YHWH? Para el reino del norte Israel, parece claro que YHWH, así como el Baal de Ugarit, fue representado de manera bovina (como un toro) pero también de manera antropomórfica. Mientras que los asirios se apoderaban del reino del Norte y destruían su capital Samaria en 722, los israelitas evocaron en una inscripción real la deportación de "los dioses en los que ellos (los israelitas) confiaban", lo que hace alusión a la práctica corriente de deportar las estatuas divinas de los pueblos sometidos. En la Biblia, el libro atribuido al profeta Oseas critica con frecuencia "el ternero de Betel", lo que indica que YHWH fue venerado en este santuario bajo una forma bovina.

Si había estatuas de YHWH en los templos del Norte, es lógico que éste fuese también el caso en Jerusalén, aunque esto sea disputado de forma vehemente. La visión del profeta Isaías (capítulo 6), donde se veía a YHWH sentado en su santuario, se explica mejor a partir de la estatua de un YHWH entronizado sobre querubines. Los salmos que evocan la apertura de las puertas del templo para que YHWH pueda entrar presuponen, aparentemente, la procesión de una estatua. El deseo expresado en otras plegarias, de poder contemplar el rostro de YHWH, tiene tal vez un contexto totalmente concreto, a saber, el deseo de ser admitido en el lugar Santísimo para ver la estatua del dios de Israel. Ciertamente, no hay prueba material de una estatua como esta y el historiador debe ser prudente en este tipo de afirmaciones, pero me parece que en las reconstrucciones de la historia de YHWH existen todavía censuras conscientes e inconscientes de debemos superar.[22]

Es también el caso de la pregunta por una diosa asociada a YHWH, su pareja. Los textos bíblicos mencionan muchas veces una "asherá" asociada a YHWH y algunos reyes de Judá son criticados por los redactores del libro de los Reyes por haber instalado una "asherá" en el templo de Jerusalén. Regresemos nuevamente a los grafitis de Kuntillet Ajrud, que conservan igualmente fórmulas de bendición para "YHWH y su Asherá". Una inscripción comparable fue encontrada en Khirbet el-Qom, a 13 kilómetros al oeste de Hebrón, casi contemporánea a los textos de Kuntillet Ajrud. La inscripción dice: "Uriyahu, el rico, escribió: Bendito sea Uriyahu por YHWH, de

---

22 Para más detalles: "¿Y avait-il une statue de Yhwh dans le premier temple Enquêtes littéraires à travers la Bible hébraïque": *Asdiwal* 2, 2007, pp. 41-58.

sus enemigos lo salvó por su Asherá".[23] La identidad de la famosa "Asherá" es discutida aún. Algunos ven en ella un santuario de YHWH deificado[24], pero esta idea no explica los textos que critican la veneración de YHWH. Es más simple considerar a Asherá, bien atestiguada como diosa y esposa del dios El en Ugarit, como la pareja de YHWH, identificado con El, la cual tenía también su lugar en el templo de Jerusalén y sin duda en otros santuarios. De todas formas, los textos bíblicos dan testimonio claro de la veneración en Jerusalén, de una diosa llamada "Reina del Cielo" (Jr 44), diosa que bien podría ser Asherá. La oposición a la tesis de que YHWH haya tenido esposa en la época monárquica de Judá ha sido siempre vehemente. Tenemos la impresión que esto esconde, muchas veces, razones ideológicas o teológicas.

> ... los textos bíblicos dan testimonio claro de la veneración en Jerusalén, de una diosa llamada la "Reina del Cielo" (Jr 44), diosa que bien podría ser Asherá. La oposición a la tesis de que YHWH haya tenido esposa en la época monárquica de Judá, ha sido siempre vehemente. Tenemos la impresión que esto esconde, muchas veces, razones ideológicas o teológicas.

23 Estas inscripciones y los textos bíblicos son discutidas en Judith M. Hadley, *The Cult of Asherah in Ancient Israel and Judah: Evidence for a Hebrew Goddess* (University of Cambridge Oriental Publications 57), Cambridge: Cambridge University Press, 2000.

24 Benjamin Sass, "On epigraphic Hebrew ʾŠR and *ʾŠR, and on Biblical Asherah*": *Transeuphratène* 46 (Mélanges André Lemaire III), 2014, pp. 47-66.

4. LA TRANSFORMACIÓN DE YHWH
EN DIOS UNO

Desde finales del siglo IX, los asirios quisieron afirmar su soberanía sobre el Levante. Los reyes de Israel se aliaron con otros pueblos arameos en las campañas anti-asirias que resultaron, finalmente, en un fracaso. Amputada primero una parte importante de su territorio, Samaria es tomada por los asirios en el año 722 y el reino de Israel es integrado entonces al sistema de provincias asirias. El culto a YHWH continuó, ciertamente, en el territorio del antiguo reino de Israel, pero no tenemos información alguna sobre la situación religiosa en el territorio del antiguo reino de Israel hasta la época persa. La razón podría estar en que la historiografía bíblica en los libros de Samuel-Reyes y Crónicas presenta los acontecimientos desde una perspectiva sureña.

En Judá, la derrota del "gran hermano" del Norte provocó, sin duda, actitudes diversas. ¿No fue esto acaso un signo de que los dioses asirios eran más fuertes que YHWH y el pequeño panteón de Israel? Sin embargo, es también posible que se instalara bastante rápido entre los habitantes de Judá, el sentimiento de ser el verdadero pueblo de YHWH, el verdadero Israel. Este sentimiento fue reforzado, sin duda, durante la toma de Jerusalén en el año 701, fecha en que los asirios irrumpieron por razones poco claras. El fin del reino del Norte coincide con el engrandecimiento de Jerusalén durante el siglo VII antes de nuestra era. La importancia que adquirió entonces Jerusalén es una de las razones de la centralización del culto de YHWH por el rey Josías hacia el 622 antes de nuestra era que, según el relato bíblico, hace del templo de Jerusalén el único lugar de culto sacrificial legítimo, destruyendo o cerrando los otros lugares de culto yahvista y aboliendo en Jerusalén, todos los objetos o lugares que servían a la veneración de otras divinidades.

Es muy posible, idea ampliamente compartida, que la primera versión del libro del Deuteronomio haya sido escrita en este contexto para acompañar esta nueva visión de YHWH. La apertura del libro del Deuteronomio primitivo la encontramos, sin duda, en Dt 6:4-5, el famoso "Shema' Yisrael": "¡ESCUCHA, Israel! YHWH es nuestro Dios. YHWH es UNO. Amarás a YHWH tu Dios con todo tu corazón, con todo tu ser, con toda tu fuerza".

Muchos términos aquí son importantes para nuestro estudio. En primer lugar, esta afirmación de la unidad de YHWH debe ser comprendida como la afirmación de la unidad del *culto* yahvista. El Deuteronomio primitivo se opone a la pluralidad de los lugares de culto y a la pluralidad de manifestaciones de lo divino, exaltando un lugar de culto único (cf. Dt 12:13-18). El "verdadero" YHWH es, entonces, el YHWH de Jerusalén. No se puede venerar otras manifestaciones de YHWH, como las presentes en Kuntillet Ajrud, por ejemplo. En todo caso, esta idea de la reforma de Josías vuelve a aparecer en un grafiti de Khirbet Beit Lei, un sitio a 8 kilómetros al este de Lakish, datado probablemente en el siglo VII antes de nuestra era. Se puede descifrar esta inscripción (aparentemente trazada en negro) como sigue: "YHWH es el dios de todo el país (de toda la tierra), las montañas de Judá le pertenecen al dios de Jerusalén".[25] Se afirma,

---

25 André Lemaire, "Prières en temps de crise: les inscriptions de Khirbet Beit Lei": *RB* 83, 1976, pp. 558-568.

entonces, que el YHWH de Jerusalén es el dios de todo el país y que no hay otro YHWH. ¿Será que el YHWH UNO de Dt 6:4 implica ya desde entonces el monoteísmo? Aparentemente no. Con frecuencia, el Deuteronomio se pone en guardia contra los otros dioses, sin siquiera oponerse a la existencia de otras divinidades. Lo que importa es la exclusividad de la veneración a YHWH.

5. DEL DIOS UNO AL DIOS ÚNICO

El acontecimiento decisivo para la transformación de YHWH en dios único, lo hemos dicho, fue la destrucción de Jerusalén en 587, solamente cincuenta años después de la famosa reforma de Josías. A esta destrucción siguió la dispersión geográfica de los habitantes de Judá en Palestina, Babilonia y Egipto, regiones a las cuales se sumarían rápidamente Asia Menor y la cuenca del Mediterráneo. La ausencia de un rey, de un templo en funcionamiento y de un país autónomo, hacía imposible la veneración de YHWH como un dios nacional o tutelar de la realeza. Así como lo muestra la segunda parte del libro de Isaías, muchos judíos habían pensado que el "brazo de YHWH" era muy corto, y que era necesario buscar otros dioses para adorar. Paradójicamente, es en esta situación de crisis en la que, diferentes grupos ligados al clero y a los anteriores altos funcionarios de la corte, concibieron diversos modelos explicativos para superar la crisis e inventar una nueva forma de comprender la relación entre YHWH e Israel. Es por diferentes escritos, aquellos que componen el Pentateuco, pero también por los que están en el origen de los "Profetas", que se construye un monoteísmo que pronto planteará problemas teológicos, como la pregunta por el origen del mal o la ejecución de funciones "femeninas", atribuidas tradicionalmente a las diosas. Muy rápido, vemos aparecer al satán y otros ángeles, así como la substitución de las diosas por parte de la Sabiduría. En palabras de mi colega Pierre Gibert: "el monoteísmo es muy difícil de pensar".[26] En seguida notamos que este monoteísmo no es impuesto de golpe, como lo muestra la comunidad judía en Elefantina, isla del Nilo donde se veneraba todavía en la época persa al dios Yaho, acompañado de una diosa (Anat) y, posiblemente, de su hijo Ashim-Betel.[27]

Haciendo de Moisés el mediador exclusivo de todas las leyes de YHWH en el Pentateuco, el judaísmo naciente inventó la separación entre el poder político y la práctica religiosa, ya que esta última no tenía necesidad ni de un poder real, ni de un poder político, ni de un territorio específico. Así, el judaísmo podía funcionar como una religión de diáspora. La transformación de YHWH en dios único fue completada por el rechazo del judaísmo a llamarlo por su nombre y, sobre todo, por la traducción de la Torá al griego, lo que permitió al mundo entero (desde la perspectiva greco-romana), descubrirlo.

Así, la invención de Dios abarca poco menos de un milenio, durante el cual se puede reconstruir la transformación de YHWH, dios del desierto, en un dios de la tormenta, un dios nacional y, finalmente, en un dios único. Concedo, con toda disposición, que muchas de estas reconstrucciones siguen siendo hipótesis que pueden y

---

26 Pierre Gibert, "Le monothéisme est très difficile à penser!": *Le Monde de la Bible* 124, 2000, pp. 50-51.

27 Gard Granerød, "The former and future temple of YHW in Elephantine: a tradition-historical case study of ancient Near Eastern antiquarianism": *ZAW* 127, 2015, pp. 63-77.

deben ser criticadas. No obstante, a la luz de las fuentes que disponemos actualmente, es una reconstrucción que me parece apropiada. Refleja mi convicción profunda de abordar los textos bíblicos y el dios del cual ellos hablan, con los mismos métodos y el mismo rigor que utilizamos para otros textos religiosos de la antigüedad. Claro está que no existe objetividad absoluta, y tenemos, todos, nuestros presupuestos ideológicos de los que debemos ser conscientes. Continúo, sin embargo, decididamente "moderno" y no puedo aceptar una deconstrucción postmoderna según la cual todas las opiniones y reconstrucciones se valen.

La tarea del historiador es descubrir los contextos históricos donde los textos religiosos y las representaciones de lo divino vieron la luz. Esta aproximación histórica es la mejor herramienta para contrarrestar los fundamentalismos y los fanatismos que amenazan hoy, las tres religiones monoteístas, aunque no solamente a éstas.

> ***
> *Así, la invención de Dios abarca poco menos de un milenio, durante el cual se puede reconstruir la transformación de YHWH, dios del desierto, en un dios de la tormenta, un dios nacional y, finalmente, en un dios único.*
> ***

Situar los textos bíblicos en la historia no significa tomarlos como textos "históricos". Un gran número de textos, particularmente del Pentateuco, son mitos. El término "mito" tiene, usualmente, una connotación negativa, incluso peyorativa. Estrictamente hablando, los mitos no son fantasías arbitrarias, sino relatos que explican la existencia de una costumbre, rito o institución, dándoles sentido y convirtiéndolos en fundadores de identidad. Pero los mitos también pueden conservar "trazos de memoria", citando una vez más la genial expresión del egiptólogo Jan Assmann.[28]

De este modo, el título "La invención de Dios" puede también leerse como la invención de dios por quien escribe estas líneas. Sin embargo, con esta expresión se busca ser tan riguroso como sea posible, pues el trabajo del filólogo y del historiador tiene igualmente un componente lúdico: se debe examinar, como un enigma policial, los diferentes datos, a veces contradictorios, para juntar las diferentes piezas de un rompecabezas, como lo decía el padre Lagrange, con todos los métodos de la crítica que tenemos a nuestra disposición. Las generaciones venideras construirán otro rompecabezas, con ventaja de piezas, pues estoy convencido que la arqueología nos ofrecerá nuevos descubrimientos y sorpresas. Confío que mi reconstrucción aporte algunos elementos a nuestro conocimiento sobre el dios de las tres religiones monoteístas, que mantiene y seguirá manteniendo, por mucho tiempo, múltiples facetas misteriosas.

Traducción: *Hanzel Zúñiga V.*
Revisión: *José E. Ramírez K.*

---

28 Jan Assmann, *Moïse l'Egyptian. Un essai d'histoire de la mémoire* (Collection historique), Paris: Aubier, 2001.

5
Yhwh, la Diosa y el Mal

¿Es el "monoteísmo" un término adecuado para
describir el discurso de la Biblia Hebrea
en torno al Dios de Israel?

Thomas Römer

Collège de France

1. INTRODUCCIÓN

En un artículo reciente, Jurie le Roux ha enfatizado el hecho de que en la investigación bíblica e histórica, la pregunta "correcta" es casi tan importante como la respuesta (Le Roux 2009). Es un placer ofrecer a mi honorable colega y querido amigo, las siguientes observaciones preliminares en las cuales preguntaré si deberíamos continuar con el uso del término "monoteísmo" cuando hablamos de los discursos teológicos de la Biblia Hebrea. Este artículo no girará en torno al debate general sobre monoteísmo, el cual es un aspecto mayor en las investigaciones bíblicas y teológicas actuales (ver Ahn 1993, MacDonald 2003 y Romer 2010). Como Stolz (1996) ha demostrado, el concepto teológico y filosófico del monoteísmo es una invención moderna del tiempo de la Ilustración. El término ha sido usado desde entonces para probar la superioridad de la religión monoteísta con relación al paganismo y al politeísmo. Sin embargo, un monoteísmo estricto no es algo tan sencillo. ¿Si hay un solo Dios, es él el responsable del mal? ¿Y cómo puede uno entrar en contacto con este Dios trascendente? ¿No es sorprendente que las tres mayores religiones monoteístas, Judaísmo, Cristianismo e Islam, permitan todas algún tipo de dualismo (admitiendo un "Satán") y también "ángeles", intermediarios entre Dios y la humanidad?

Este artículo se enfoca en algunos desarrollos y problemas que se presentaron durante el tiempo en el que la religión hebrea tradicional cambió hacia el Judaísmo y al monoteísmo.

Desde De Wette, Colenso y Wellhausen, la mayoría de estudiosos estarían de acuerdo con la idea de que el judaísmo no surgió antes del Período Persa – tal vez mucho después. Sin embargo, es claro que la destrucción de Judá y Jerusalén en 587 a.e.c., así como las reacciones a esta crisis en textos del período persa, constituyen una cesura mayor (Le Roux 2008). Durante el tiempo de las monarquías de Israel y Judá, el culto de Yahvé como dios

> ∞
>
> *... el concepto teológico y filosófico del monoteísmo es una invención moderna del tiempo de la Ilustración. El término ha sido usado desde entonces, para probar la superioridad de la religión monoteísta con relación al paganismo y al politeísmo. Sin embargo, un monoteísmo estricto no es algo tan sencillo. ¿Si hay un solo Dios, es él el responsable del mal?*
>
> ∞

nacional no se diferenciaba mucho de las concepciones religiosas de sus vecinos en el Levante. La llamada reforma de Josías pudo haber introducido algunos cambios al establecer algún tipo de monolatría, aunque probablemente sin mucho éxito (Uehlinger 1995).

La abolición de los símbolos del culto asirio en el templo de Jerusalén no fue necesariamente el signo de una insurrección anti-asiria; podría simplemente reflejar la pérdida del poder asirio en Palestina y Siria durante la segunda mitad del siglo VII a.e.c., del mismo modo en que la idea de centralización podría reflejar simplemente, la situación de un estado de Judá bastante truncado en el cual Jerusalén se mantuvo como la única ciudad importante y su templo como el único santuario importante en pie. La religión de Judea, durante el tiempo de la monarquía, estaba centrada en un dios nacional que tenía prioridad sobre otros dioses y cuyo templo (e incluso estatua) era el signo visible de su presencia en medio de su pueblo.[1] Los mediadores de su presencia eran el rey y -por delegación, los sacerdotes. También hay evidencia clara, bíblica y extra-bíblica de que hasta el momento de la reforma de Josías, Yahvé estaba asociado con una diosa, Asherá, cuyo título pudo haber sido 'La Reina del Cielo' (Koch 1988). Aparentemente, este título pudo haber sido usado por diferentes diosas: Ishtar en Mesopotamia, Anat y Asherá en el Levante, Hera en la mitología griega, y María en la religión Católica.[2]

---

1 Sobre la pregunta en torno a la estatua de Yahvé, ver Niehr (1997), Köckert (2009) y Römer (2009).

2 Para una revisión, ver Schmitz (1992). No es necesario seguir a Ackerman (1989: 116-117) y postular que la Reina del Cielo en Jeremías 44 era una deidad sincrética separada.

Al parecer, el colapso de Judea fue explicado por partes de la población como un castigo de la Reina del Cielo, cuyo culto había sido abandonado por los judaítas. Jeremías presenta a los judaítas que han huido hacia Egipto haciendo el siguiente reclamo: "Pero desde que dejamos de ofrecer incienso y libaciones a la Reina del Cielo nos ha faltado todo, y el hambre y la espada están acabando con nosotros." (44:18).

Aquí la destrucción de Jerusalén y la difícil situación posterior al año 587 a.e.c. es vista como habiendo sido provocada por la Reina del Cielo, enojada al no ser adorada más. La idea de que el desastre ocurre porque la deidad está molesta con su respectivo pueblo y por lo tanto les abandona, está bien atestiguada en el antiguo Cercano Oriente.[3]

2. Yhwh, comandante de naciones extranjeras

La idea de que los dioses babilónicos habrían derrotado a Yahvé aparentemente ofreció a parte de la población judaíta, una explicación posible de los eventos del 587 a.e.c. La afirmación del deutero-Isaías "¿Tan corta

---

3 Por ejemplo, en la Estela de Mesha, el poema de Erra, y también en la inscripción de Harrán: "Sin, el rey de todos los dioses, se enojó con su ciudad y su templo, y subió al cielo, y la ciudad y su gente quedaron desolados (Pritchard 1955: 560-560)" y es aplicado a Yahvé en la Historia Deuteronomista, donde la caída de Samaría y la destrucción de Jerusalén aparecen como el castigo de Yahvé a los reyes que no lo adoraron adecuadamente. Otra forma de explicar derrotas militares es imaginar que el dios de los vencedores ha derrotado al dios de los enemigos. Este es un motivo típico en la propaganda Asiria, la cual es reflejada en la Biblia Hebrea en 2 Reyes 18:31-32.

es mi mano que no puede rescatar? ¿Me falta acaso
fuerza para liberarlos?" (Is 50:2; cf. Is 59:1), puede ser
entendida como reacción contra aquellos que no estarían
suficientemente convencidos del poder de Yahvé. Los
autores deuteronomistas de 2 Reyes 24-25 insisten en el
hecho de que los babilonios, que destruyeron Jerusalén,
habían sido enviados por el mismo Yahvé para castigar a
su pueblo:

> "Entonces el SEÑOR envió contra Joacim bandas de
> guerrilleros babilonios, sirios, moabitas y amonitas. Las
> envió contra Judá para destruir el país, según la palabra
> que el SEÑOR había dado a conocer por medio de sus
> siervos los profetas… a tal grado que el SEÑOR, en su
> ira, los echó de su presencia." (2 Re 24:2; 20a).

La idea de que Yahvé controlaba a los babilonios, quienes
se convirtieron en su instrumento para llevar a cabo sus
juicios, fue tomada y elaborada en el libro del segundo
Isaías. Este rollo, que es concebido independientemente
con respecto al proto-Isaías[4], también entiende la caída de
Jerusalén como un signo de la ira de Yahvé, que le llevó
a esconderse y no intervenir en favor de su pueblo: "Yo
estaba enojado con mi pueblo; profané mi heredad" (Is
47:6). Pero el autor de este libro, o un redactor, sostiene
también que el enojo de Yahvé no dura para siempre, pero
que esta vez la ira de Yahvé ha llegado definitivamente a
su fin:

---

4 Por levitas, como sugiere Berges (2008: 30-43) con una buena historia de
investigación, o como continuación del rollo de Jeremías, de acuerdo a Steck
(1992: 197-198) y Kratz (1994:259).

"Te abandoné por un instante,
pero con profunda compasión
volveré a unirme contigo.
[8] Por un momento, en un arrebato de enojo,
escondí mi rostro de ti;
pero con amor eterno
te tendré compasión
—dice el SEÑOR, *tu Redentor".[5]* (Is 54:7)

Interesantemente, la actitud del autor(es) de Isaías 40-55 es la de asumir la retórica oficial del cilindro de Ciro (ver Tabla I) y proclamar al rey Persa, Mesías de Yahvé para Israel y el mundo.

El segundo Isaías presenta a Yahvé en los mismos términos que el dios babilonio Marduk tiene en el cilindro de Ciro. En ambos casos, se dice que el dios patrón de la ciudad derrotada, ha escogido al rey victorioso para inaugurar una nueva era de salvación. ¿Traiciona entonces el segundo Isaías una ideología monoteísta? En cualquier caso, Isaías 40-55 muestra una tendencia a transferir a Yahvé aspectos y funciones que en religiones politeístas son asumidas por diferentes figuras divinas.

> ✋
> *El segundo Isaías presenta a Yahvé en los mismos términos que el dios babilonio Marduk tiene en el cilindro de Ciro. En ambos casos, se dice que el dios patrón de la ciudad derrotada, ha escogido al rey victorioso para inaugurar una nueva era de salvación. ¿Traiciona entonces el segundo Isaías una ideología monoteísta?*
> ✍

---

5 Muchos autores limitan la primera versión del Segundo Isaías a Isaías el original, pasajes incluidos en 40-52; ver la descripción en Leuenberger (2010: 50).

3. YAHVÉ COMO DIOSA EN EL LIBRO DEL SEGUNDO ISAÍAS

Como ya se mencionó, los diferentes grupos que editaron las tradiciones del Pentateuco y los libros proféticos en el período persa, eran hostiles al concepto tradicional de la pareja divina. La extraña visión de Zacarías 5:5-11 podría reflejar esta hostilidad. El profeta ve una mujer, llamada Maldad (*ha risheah*) entronizada (*yoshébet*) en una cesta que es transportada por dos mujeres aladas hacia Sinaar (Babilonia) donde una casa o templo (*bayit*) se construye para ella, y en la cual ella se pondrá de pie o apoyará (*mekonah*).

Varios comentaristas (Uehlinger 1994; Edelman 2003), han argumentado con buenas razones, que esta visión refleja la expulsión de la diosa desde Jerusalén hacia una nación "pagana", y esta podría ser tal vez la situación. Tal vez el nombre Maldad (*ha risheah*) es una ilusión irónica a Aserá (*'asherah*). Aun si el tema sigue en disputa por algunos autores (Lemaire 1984), hay suficiente evidencia bíblica (1 Re 15:13; 16:33; 2 Re 13:6; 21:3 y 7; 23:6-7) y extra-bíblica (Kuntillet Ajrud; Khirbet el-Qom), para probar que Asherá era adorada en Israel y Judá como la *paredra* de Yahvé (Hadley 1994; Na'aman y Lissovsky 2008; Olyan 1988). El argumento de que en algunos pasajes bíblicos Asherá significa un símbolo religioso (Cf. 1 Re 14:23; 2 Re 17:10; 10:18), un árbol sagrado y no una diosa, no tiene sentido, debido a que los símbolos de una deidad son siempre imágenes o representaciones de dicha deidad.

Tabla 1: El cilindro de Ciro y el segundo Isaías.

Cilindro de Ciro†	Segundo Isaías
12 Él (Marduk) tomó la mano de Ciro… Y lo llamó por su nombre.	45:1 Ciro, cuya mano yo tomé 45:31 Yo, Yahvé, el dios de Israel, te llamé por tu nombre.
13 Él hizo la tierra de Guti y todas las tropas Medias postrarse a sus pies Mientras él mismo pastoreaba con juicio y justicia a su pueblo, los cabeza-negra	45:1 para dominar las naciones ante él 44:28 quien dice de Ciro: "Él es mi Pastor"
15 como un amigo y compañero, él (Marduk) caminó a su lado.	45:21 Yo caminaré delante de ti
32 Yo congregué todo su pueblo y les hice retornar a sus asentamientos.	45:13 Yo he levantado a Ciro… y yo haré sus caminos rectos; él construirá mi ciudad y liberará a mis exilados.

†: Traducción según Finkel, I. n.d., 'Translation of the Cyrus Cylinder', viewed 10 October 2012, from http://www.britishmuseum.org/explore/highlights/article_index/c/cyrus_cylinder_-_translation.aspx

El libro de segundo Isaías, así como otros textos del período Persa, revelan una estrategia para superar la derrota de la esposa de Yahvé, Asherá. El segundo Isaías asegura frecuentemente que Yahvé (o "El") es dios, y que no hay nadie más fuera de él.[6] La afirmación de

---

6 Ver Isaías 46:9: "Recuerden las cosas pasadas, aquellas de antaño (*rishonot me'olam*); yo soy Dios, y no hay ningún otro, yo soy Dios, y no hay nadie igual a mí (*ve ein 'od elohim veefes kamoni*)".

exclusividad levanta la pregunta sobre el manejo de los roles tradicionales atribuidos a las diosas. La solución del segundo Isaías (y otros textos del mismo período), es transferir las competencias de las diosas a Yahvé (Briend 1992: 74-76). Un número de textos compara a Yahvé con una madre, como es el caso de Isaías 49:15

> *"¿Puede una madre olvidar a su niño de pecho,*
> *y dejar de amar al hijo que ha dado a luz?*
> *Aun cuando ella lo olvidara,*
> *¡yo no te olvidaré!".*

Una metáfora materna también ocurre en Isaías 46:3

> *"Escúchame, familia de Jacob,*
> *todo el resto de la familia de Israel,*
> *a quienes he cargado desde el vientre,*
> *y he llevado desde la cuna".*

Isaías 42:14 va más allá, presentando a Yahvé como una mujer con dolores que da a luz a Israel, su hijo:

> *"Por mucho tiempo he guardado silencio,*
> *he estado callado y me he contenido.*
> *Pero ahora voy a gritar como parturienta,*
> *voy a resollar y jadear al mismo tiempo".*

En este pasaje, el retorno del exilio es comparado con el renacimiento de Israel, y Yahvé rememora a la diosa madre. Aun así, en el texto precedente ("El Señor marchará como guerrero; como hombre de guerra despertará su celo. Con gritos y alaridos se lanzará al combate, y triunfará sobre sus enemigos" Is 42:13), Yahvé es presentado como un guerrero que se prepara para la batalla contra sus enemigos. Isaías 42:13-14 trata aparentemente de combinar los atributos del dios guerrero y la diosa madre en relación con Yahvé. Algo similar pasa en el tardío salmo de Deuteronomio 32, donde Yahvé es presentado al mismo tiempo como padre y madre de Israel. En el verso 6, Yahvé es llamado "padre", y el verso 18 dice: "¡Desertaste de la Roca que te engendró! ¡Olvidaste al Dios que te dio vida!" (*meholelekhah*; Deut 32:18).

En el último capítulo del libro de Oseas, que fue reelaborado en el período Persa u originado incluso en ese tiempo (Nissinen 1991), Yahvé adquiere también los atributos de Asherá, esto debido a que es comparado con un árbol de ciprés que provee fertilidad a Israel (Wacker 1994). Tal vez se podría seguir la ingeniosa enmienda de Julius Wellhausen, según la cual la segunda parte de Oseas 14:9, tan oscura en el texto hebreo Masorético, debería ser leída: "Yo soy tu Asherá y tu Anat" (Wellhausen 1963: 134) – una enmienda que tiene perfecto sentido, especialmente porque la popularidad de Anat está bien atestiguada en documentos de la comunidad judía de Elefantina.

En el libro de Oseas, así como en Jeremías y Ezequiel, puede ser observada otra transformación. Ahora Israel se convierte en la esposa adúltera de Yahvé, quien es castigada por estar constantemente buscando amantes, esto es, dioses extranjeros (Jr 2; Ez 16:23). En Oseas 1-3, el matrimonio del profeta con una prostituta simboliza la relación de Yahvé con Israel. Oseas 1-3, que fue atribuido por corrientes antiguas de investigación a las secciones más tempranas del libro, se considera ahora por muchos académicos como un prólogo que fue añadido no antes del tiempo del exilio en Babilonia, o al principio del periodo Persa. (Ver por ejemplo Wacker 1996 y Kratz 2003: 63).

Durante el período Persa, hubo aparentemente intentos de integrar a la figura de Yahvé aspectos de las diversas diosas, pero dichos intentos fueron restringidos a pequeños corpus de textos. El exclusivista Yahvé permaneció varón. Las diosas fueron transformadas así en nuevas "compañeras" de Yahvé.

El concepto de 'monoteísmo' se ha convertido en punto de debate en las Ciencias Bíblicas. ¿Debería este concepto seguir siendo usado? El segundo Isaías elaboró a inicios del imperio Persa, un discurso que presentaba a Yhwh como Dios único. Como resultado de ello, tuvo que integrar en esta deidad funciones tradicionalmente atribuidas a diosas y demonios o divinidades malignas. A pesar de ello, este fue un intento fallido. La diosa, cuya eliminación se refleja probablemente en Isaías 5, regresó de alguna manera bajo la personificación de *la Sabiduría* en Proverbios 8, y las "partes oscuras" de los diversos dioses se concretizaron en la figura de Satán, quien adquirió una importancia impresionante en los siglos siguientes. La pregunta por el mal no queda resuelta en la Biblia Hebrea. Algunos textos admiten la autonomía del mal, mientras que Isaías 45 argumenta que Yhwh mismo se encuentra en el origen del mal. Esta diversidad dificulta caracterizar la Biblia Hebrea como el resultado de una evolución directa del politeísmo al monoteísmo.

---

4. Las nuevas "esposas" de Yahvé

Una forma de presentar a Yahvé como esposo, luego de la desaparición de la diosa, es la transferencia de la pareja divina a la pareja "Yahvé – Israel", especialmente en textos proféticos. Israel juega aquí el rol de la esposa adúltera de Yahvé, quien lo deja por otros dioses y quien por ende, es repudiada y eventualmente rehabilitada (Wacker 1996). En algunos de estos textos proféticos, Yahvé es incluso bígamo al estar casado con Israel y Judá, o con Samaria y Jerusalén (Jr 3; Ez 16:23).

Otra evolución es la personificación de la "sabiduría" en los primeros capítulos del libro de Proverbios. En Proverbios 8, la Hokmah se presenta de la misma forma en que lo hace Yahvé (y los otros dioses): *'ani hokmah* "Yo la Sabiduría" (Pr 8:12); compárese con *'ani Yhwh* "Yo Yahvé" (Is 42:8; 43:15). Se dice que ha sido creada por Yahvé en el principio (*yehovah qanani reshit* Pr 8:22), pero ella antecede la creación del mundo. Ella es presentada como la artesana de Yahvé. Esta es una posible traducción de Proverbios 8.30: "Yo estaba junto a él como una artesana" (*vahajeyeh 'etzloh 'amon*). El hecho de que la vocalización *'amon*

> 𝇇
>
> *Una forma de presentar a Yahvé como esposo luego de la desaparición de la diosa, es la transferencia de la pareja divina a la pareja "Yahvé – Israel", especialmente en textos proféticos. Israel juega aquí el rol de la esposa adúltera de Yahvé, quien lo deja por otros dioses y quien por ende, es repudiada y eventualmente rehabilitada.*
>
> 𝇇

sea inusual[7] y que la palabra sea masculina, ha llevado a variantes en los manuscritos y traducciones, como "pequeño niño" o "constantemente"[8]. Pero la idea de una diosa que asiste al Dios creador, tiene sentido y evoca la pareja egipcia de los dioses Ra y Maat. Hokmah se presenta también como "deleitando (*mesaheqet*) a Yahvé todo el tiempo", una actividad que también pertenece al deber de una esposa hacia su esposo. Esto significa que Proverbios 8 asocia a una figura femenina con Yahvé (Schroer 1991). Especulativamente, se podría preguntar también si esta asociación explica el plural que el Dios creador usa en Génesis 1.26: "Hagamos al ser humano en nuestra imagen (*'adam*)". Esta humanidad es luego creada como varón y hembra (Gn 1:27), lo que de alguna manera sugiere que la imagen refleja un dios femenino y masculino.

5. YAHVÉ, CREADOR DEL BIEN Y EL MAL

En sistemas religiosos politeístas, la existencia de infortunios y del mal no es problemática. Siempre hay demonios, deidades ctónicas u otros dioses abominables que son responsables por las cosas malas que afectan a los seres humanos. El problema surge en los sistemas centrados en un solo dios. Esto se puede observar en la versión bíblica del diluvio. En las narraciones mesopotámicas, existen dos tipos diferentes de dioses: aquellos que deciden exterminar a la humanidad y aquellos dioses

---

7 Debería leerse "ver texto hebreo"; la vocalización del Texto Masorético corresponde al nombre del Rey judío Amón, el cual debe relacionarse a una deidad egipcia.

8 Infinitivo absoluto; para una discusión de las variantes, ver Gorges-Braunwarth (2002: 242-249).

amistosos que advierten al futuro sobreviviente del mal inminente. En Génesis 6-9 sin embargo, Yahvé tiene que jugar el rol de ambas partes: él decide destruir todas las criaturas *y* él alerta a Noé, con el fin de que la raza humana y los animales sobrevivan.

El segundo Isaías también afirma que Yahvé es responsable de lo bueno y lo malo:

> *"Yo soy el* Señor, *y no hay otro;*
> *fuera de mí no hay ningún Dios.*
> *Aunque tú no me conoces,*
> *te fortaleceré,*
> *para que sepan de oriente a occidente*
> *que no hay ningún otro fuera de mí.*
> *Yo soy el* Señor, *y no hay ningún otro.*
> *Yo formo la luz (yotzer 'or) y creo las tinieblas (ubore' hoshek),*
> *traigo bienestar ('seh shalom) y creo calamidad (ubore' ra');*
> *Yo, el* Señor, *hago todas estas cosas.*
> *»¡Destilen, cielos, desde lo alto!*
> *¡Nubes, hagan llover justicia!*
> *¡Que se abra la tierra de par en par!*
> *¡Que brote la salvación!*
> *¡Que crezca con ella la justicia!*
> *Yo, el* Señor, *lo he creado»".*
> Isaías 45:5-8.

Este oráculo está ligado con la instauración de Ciro como Mesías de Yahvé, a través del cual él (Yahvé) hará saber a todo el mundo que él es el 'único' dios. Existe alguna discusión en torno al significado de los términos *shalom* y *ra'*. ¿Se refieren al hecho de que Yahvé es responsable, no sólo de la paz, sino también de la guerra y las derrotas (Berges 2008: 404-406)? Esta sería la continuación de un tipo de ideología deuteronomista, de acuerdo con la cual Yahvé provoca cataclismos para castigar a su pueblo. La mención de Ciro, quien es presentado como el instrumento a través del cual Yahvé traerá paz y restaurará a Israel, encajaría con dicho entendimiento histórico de *ra'* y *shalom*. Por otra parte, el paralelo con la creación de la 'luz' y la 'tiniebla' sugiere un significado más general. Yahvé es responsable también por el mal o caos en el mundo. 'Shalom' significaría algo como el *maat* egipcio (el orden del mundo) y *ra*, el caos. El manuscrito de Isaías de Qumrán (IQIs) remplaza *Shalom* con *tob*, haciendo de Yahvé el creador del bien y del mal. Una afirmación similar ocurre también en el prólogo de Job, donde Job responde a su esposa: ¿'recibiremos lo que es bueno (*hatob*), de parte de la divinidad (*haelohim*) y no recibiremos lo que es malo (*hara*)?' (Job 2:10).[9] Isaías 45:5-7 y Job 2 reflejarían un intento de hacer a Yahvé responsable por el caos y el mal. Es cierto que el segundo Isaías presenta a Yahvé como el único dios apropiándose para sí discursos acerca de otros dioses, especialmente Marduk. Por ello podríamos preguntarnos si el énfasis en la creación del mal no sería, al menos parcialmente, una reacción al dualismo persa de acuerdo al cual Ahuramazda es 'sólo' el dios del 'bien'.[10] Sea como fuere, el intento de integrar el 'mal' a Yahvé se mantuvo, sin embargo, en un estado marginal.

---

9 Ver también Lamentaciones 3:38.

10 Ver, en todo caso, el análisis crítico de Berges (2008: 406).

6. La autonomía del caos y el mal en los escritos del Periodo Persa

De acuerdo a algunos estudiosos, como Albanu (2000: 239-241) y Lauenberger (2010: 70-71), la raíz *barah* es una invención teológica del segundo Isaías, quien necesitó un verbo específico para la creación divina. En este caso, se tiene que entender la narración sacerdotal de la creación en Génesis 1 como una reacción polémica a Isaías 45. De acuerdo a P, cuando Dios crea el cielo y la tierra, él empieza con la creación de la luz, pero la oscuridad ya existe y es, contrariamente a Isaías 45, no creada (Gen 1:1-3). De acuerdo a Génesis 1, el dios creador no crea todo: la oscuridad y las aguas primordiales (*tehom*) están integradas ya en el mundo creado. La creación es aquí una transformación de una situación caótica a un universo organizado. Este podría ser también el caso al final del relato sacerdotal del diluvio, donde Dios sitúa su arco en las nubes. El arco divino puede ser entendido como representante de la continua lucha del dios creador frente al monstruo acuático, símbolo del caos (Zenger 1983).

Otra estrategia para mantener al caos o al mal fuera de Yahvé es la invención de la figura de *Satán*.[11] En el prólogo del libro de Job, las escenas donde satán ("el adversario") aparece, fueron claramente insertadas en el relato existente. Los siguientes argumentos confirman esta idea. Primero, 'satán' sólo aparece en el capítulo 1 y no al final de la narración en prosa. Segundo, en el presente texto hay una inconsistencia gramatical. Job 1:12-13 dice:

---

11 Nótese que en el prólogo de Job, 'satán' no es un nombre propio pero un sustantivo que significa 'el adversario'.

"—Muy bien —le contestó el SEÑOR—. Todas sus posesiones están en tus manos, con la condición de que a él no le pongas la mano encima.

Dicho esto, Satanás se retiró de la presencia del SEÑOR.

Llegó el día en que _sus_ hijos e hijas celebraban un banquete en casa de su hermano mayor".

> *Otra estrategia para mantener al caos o al mal fuera de Yahvé, es la invención de la figura de Satán. En el prólogo del libro de Job, las escenas donde satán ("el adversario") aparece, fueron claramente insertadas en el relato existente. Los siguientes argumentos confirman esta idea. Primero, 'satán' sólo aparece en el capítulo 1 y no al final de la narración en prosa.*

De acuerdo al presente contexto, el pronombre personal 'sus' se referiría a Satán _o_ Yahvé, lo que por supuesto no tiene sentido. La referencia es al verso 6 donde Job es mencionado por última vez, lo que deja ver que en el texto original el verso 6 era seguido inmediatamente por el verso 13:

6 [5]"Una vez terminado el ciclo de los banquetes, Job se aseguraba de que sus hijos se purificaran. Muy de mañana ofrecía un holocausto por cada uno de ellos, pues pensaba: «Tal vez mis hijos hayan pecado y maldecido en su corazón a Dios». Para Job esta era una costumbre cotidiana.
13 Llegó el día en que _sus_ hijos e hijas celebraban un banquete en casa de su hermano mayor".

El encuentro entre Yahvé y el Satán ha sido insertado en este contexto original. El relato original no conocía un Satán. Presentaba un dios arbitrario, quien sin ninguna razón aparente llena de plagas a un hombre piadoso. La expresión *'ish elohei* en Job 1:16 también sugiere que las calamidades fueron enviadas por Dios y no por Satán, y la respuesta de Job, al decir que uno debe aceptar el bien y el mal de Dios, confirma la idea del relato original.

Para un redactor posterior, esta visión era inaceptable. Por ende, reintrodujo en la historia el concepto tradicional de una corte celestial en la cual Yahvé está rodeado por sus 'hijos' o seres divinos *bnei haelohim*, a los cuales también pertenece Satán. Es claro que él no es puesto al mismo nivel de Yahvé. El término no es usado como nombre propio – designa la función de un agente secreto de algún tipo y no puede actuar sin el permiso de Yahvé. Aun así, tenemos aquí un intento de separar el mal de Yahvé.

Lo mismo es cierto para la reescritura de 2 Samuel 24 en el libro de Crónicas. De acuerdo a 2 Samuel 24:1, Yahvé mismo manipula a David para hacer un censo, por el cual éste es severamente castigado: "De nuevo *la ira de Yahvé* se encendió contra Israel, e incitó a David contra ellos, diciendo, 'Ve, censa el pueblo de Israel y de Judá'". En el relato paralelo de 1 Crónicas 21, la narrativa inicia de la siguiente forma: "*Satán* se levantó contra Israel, e incitó a David a censar al pueblo de Israel". Para el Cronista, el relato como está en el libro de Samuel era insostenible y alteró su *Vorlage* al introducir a Satán, quien reemplazó la ira de Yahvé y es por ende responsable por el mal que sufre David (Knoppers 2004: 751).

Estos textos del período Persa (o inclusive del período helenístico en el caso del libro de Crónicas), demuestran la tendencia a crear una figura que representa el mal y que está separada de Yahvé. Algunos siglos después, esta tendencia se desarrollará en algunos círculos dentro de una cosmovisión dualista, lo que no es el caso en la Biblia Hebrea.

7. CONCLUSIÓN

A inicios del período Persa, el segundo Isaías elaboró un discurso que presentaba a Yahvé como el dios único. Por ende, tuvo que integrar en esta deidad funciones tradicionalmente atribuidas a diosas y demonios o dioses malignos. Aun así, este intento no tuvo éxito. La diosa regresó de cierta forma a través de la personificación de la Sabiduría en Proverbios 8, y "los lados oscuros" de los dioses fueron materializados en la figura de Satán, quien experimentó una carrera impresionante en los siglos siguientes.

Esta evolución hace difícil caracterizar a la Biblia Hebrea como resultado de una evolución directa del politeísmo al monoteísmo. El Dios soberano Yahvé no pudo integrar lo femenino y el mal para bien.

Traducción: *David Castillo.*
Revisión: *José E. Ramírez K.*

6
La expulsión de lo femenino en la construcción del monoteísmo

Thomas Römer
Université de Lausanne

*L*a serie policial *Derrick* tiene un episodio que se intitula en francés "Si Dieu était une femme".[1] En él se pone en escena un detective privado, su madre y su secretaria. Las dos mujeres se vengan de los maridos que maltratan a sus esposas. Aquí, dos breves extractos de este episodio:

La secretaria: ¿Alguno de ustedes atrapó a ese tipo que golpeó a su mujer hasta matarla?

La madre: Apuesto a que no. Muchos hombres tienen -¿cómo decirlo?- dos ocupaciones favoritas:

---

1 "Si Dios fuese una mujer" [nota del traductor]. Agradezco al doctor Sandoz haber puesto a mi disposición el disco de vídeo de este episodio. M. Thomas Sandoz es el autor del libro *Derrick – l'ordre des choses*, Grolley: L'Hèbe, 1999.

amar a sus mujeres por el placer que les procuran y golpearlas, igualmente para sentir placer. Dios es un hombre. ¿Qué pasaría si Dios fuese una mujer?

La secretaria: ¿Entendiste lo que dijo tu madre?

El detective: Sí, lo entendí.

La secretaria: Si Dios fuese una mujer creo que el mundo tendría un rostro distinto. Dios, el hombre, propina golpes; Dios, la mujer, abriría sus brazos.

"Si Dios fuese una mujer...", una hipótesis que parece interesante pero improbable al inspector Derrick. Este último simplemente encuentra incongruente la idea de dos mujeres que, en el episodio de donde tomamos esta secuencia, son precisamente las asesinas y que aparecen como la caricatura de feministas de tercera edad.

Si Dios no es una mujer es, entonces, un hombre, podríamos concluir. Y si "Dios es varón, entonces el varón es Dios", podríamos decir, siguiendo el humor de Mary Daly.[2] Parece que las religiones monoteístas tienen problemas con lo femenino. El judaísmo, el cristianismo y el islam reducen sus diferentes discursos sobre Dios a una forma masculina. Existe entonces, indiscutiblemente, un ligamen entre el monoteísmo y la concepción de un Dios "varón". En lo que sigue, quisiera esforzarme por demostrar, particularmente, que la imagen casi exclusivamente masculina que las religiones monoteístas circulan sobre Dios, está ligada enteramente a la construcción del monoteísmo del siglo VI antes de nuestra era, época en la que la religión tradicional de Judá anterior al

---

2 Mary Daly, *Beyond God the Father: Toward a Philosophy of Women's Liberation (1973)*, Boston: Beacon Press, 1985.

exilio babilónico, se transformara en judaísmo. Esta transformación se lleva a cabo notablemente, por la confesión del Dios de Israel como Dios *único* y universal. Esta "revolución monoteísta" marcó profundamente la Biblia hebrea que, tal como se nos presenta, quiere ser comprendida como el testimonio del sólo y único Dios. No obstante, historiadores y exégetas de la Biblia hebrea subrayaron desde hace mucho, que el monoteísmo no siempre

... historiadores y exégetas de la Biblia hebrea subrayaron desde hace mucho, que el monoteísmo no siempre caracterizó la religión de Israel. Más bien, aparece como un desarrollo tardío en el seno de esta religión, como algo que rompe con las prácticas cultuales de Israel y de Judá durante la época de la monarquía.

caracterizó la religión de Israel. Más bien aparece como un desarrollo tardío en el seno de esta religión, como algo que rompe con las prácticas cultuales de Israel y de Judá durante la época de la monarquía.

1. YHWH, LOS DIOSES Y LAS DIOSAS EN ISRAEL Y EN JUDÁ DURANTE LA ÉPOCA DE LA MONARQUÍA (SIGLOS X-VIII A.E.C.)

El hecho que el Dios de Israel tenga nombre propio, a saber, YHWH, es ya un primer indicio de que no comenzó su carrera como Dios único. El nombre propio del Dios de Israel sirve, justamente, para distinguirlo de los otros dioses. En este sentido, no es fortuito que el judaísmo vaya a prohibir posteriormente pronunciar su nombre, esto desde el siglo IV, cuando el monoteísmo será impuesto definitivamente. Tampoco es por azar, ciertamente, que la primera sustitución del nombre de YHWH fuese "Adonay", es decir, "el Señor", título masculino por excelencia. Pero volvamos primero a la veneración de YHWH en la época de la monarquía.

La Biblia hebrea conservó cierto número de rasgos que evidencian cómo la veneración a YHWH podía acompañar el culto a otras divinidades. Un indicio claro e interesante de esto se encuentra en la versión griega (LXX) de un texto poético del libro de Deuteronomio, versión confirmada además por un fragmento hebreo del mismo texto preservado en Qumrán. En el cántico de Dt 32:8-9 se encontraba originalmente la afirmación siguiente:

> "Cuando Elyon (el Altísimo) repartió las naciones en heredad, cuando distribuyó a los hombres, fijó los territorios de los pueblos según el número de los hijos de Dios (¿El?). Pero la parte de YHWH es su pueblo, le correspondió a Jacob como heredad".

Este texto pone en escena la corte celestial, una asamblea de divinidades presidida por el dios Elyon, que hereda a cada uno de sus hijos un pueblo. Los autores de este texto, quieren explicar así la diversidad de cultos en los diferentes países de Siria y Palestina. Al mismo tiempo, ellos afirman que existe una relación entre estos diferentes dioses, lo que corresponde a una realidad, porque los dioses nacionales de un pueblo u otro eran venerados igualmente en los panteones de los pueblos vecinos. Por lo tanto, los autores de este texto han imaginado a Milkom, el dios de los amonitas y a Kemosh, el dios de los moabitas, como hijos de Elyon y hermanos de YHWH. Tras la forma primitiva de Dt 32:8, se muestra la representación de YHWH como el dios nacional de Israel.[3] YHWH era venerado entonces como un dios tutelar que aseguraba a su pueblo la protección y la fertilidad dentro de su territorio. Él ocupaba, al menos en el culto oficial y real, una situación privilegiada que no excluía de ninguna forma la veneración de otros dioses a su lado.

En tanto que Dios nacional, YHWH es, desde el punto de vista de los historiadores de la religión, un dios varón. En testimonio de ello basta ver los títulos que se le confirieron en esta época. Más de cincuenta textos de la Biblia hebrea presentan a YHWH como *rey*, por ejemplo el Sal 93: "YHWH es rey. Está vestido de majestad. YHWH está vestido y ceñido con poder. Sí, el mundo descansa firme, inquebrantable. Desde entonces tu trono está firme; desde siempre existes tú" (v. 1-2). La realeza divina legitima la realeza terrestre. YHWH es igualmente el padre del monarca *humano*, a quien adopta desde su entronización (cf. Sal 2). Por otra parte, la iconografía del antiguo Cercano Oriente retrata a menudo al Dios nacional con los mismos trazos que el rey (cf. Assur y los reyes asirios). Por su condición de gobernante, el rey terrestre refleja el gobierno del dios del cual él es, de cierta manera, una especie de vicario. Siendo rey, YHWH es igualmente *pastor*. Este título resume, de cierto modo, la principal función del rey: proteger y cuidar a los suyos (Sal 23:1; 28:9; 80:2, etc.). YHWH es el Maestro, el Señor de su pueblo. Pero, en la época de la monarquía, él no era

---

3 Para la idea de que cada pueblo tiene su dios nacional, ver igualmente Jue 11,24.

la única divinidad venerada en Israel y Judá. Al lado de YHWH y su corte celestial, existía igualmente el culto a las diosas.

2. LA DIOSA MADRE EN LA RELIGIOSIDAD FAMILIAR

Para la época monárquica, la arqueología testifica la presencia de un número importante de estatuillas en los reinos de Judá e Israel, que representan mujeres desnudas o vestidas con una falda en forma de campana y que ellas mismas sostienen. Estas estatuillas fueron encontradas en casas o en tumbas particulares, no en santuarios oficiales. Se trata, muy probablemente, de diosas del tipo *dea lactans* (diosa que amamanta).[4] Tenemos aquí una indicación suficientemente clara de la veneración de una diosa de la fecundidad que tenía funciones de nodriza y protectora. Estas diosas eran veneradas por las mujeres en el marco de un culto no oficial, practicado fuera de los santuarios.

3. YHWH Y ASHERÁ

Las diosas no estaban, sin embargo, limitadas al ámbito de lo privado solamente. La Biblia hebrea menciona

---

4 Cf. las representaciones según Christoph Uehlinger, "Anthropomorphic Cult Statuary in Iron Age Palestine and the Search of Yahweh's Cult Images": Van der Toorn, K. (ed.), *The Image and the Book. Iconic Cults, Aniconism, and the Rise of the Book Religion in Israel and the Ancient Near East (CBET 21)*, Leuven: Peeters, 1997, p. 97-156 (p. 120) y los comentarios de Wacker, M. T., "Spuren der Göttin Hoseabuch": Dietrich, W. – Klopfestein, M. A. (ed.), *Ein Gott allein? JHWH-Verehrung und biblischer Monotheismus im Kontext der israelitischen und altorientalischen Religionsgeschichte (OBO 139)*, Freiburg/ Göttigen: Universitätsverlag/Vandenhoeck & Ruprecht, 1994, p. 329-348 (p. 338).

cuarenta veces el término "Asherá". Este término aparece, sea en femenino singular o en formas plurales con una terminación masculina. Durante mucho tiempo se ha interpretado este término como designación de un objeto cultual, un poste sagrado (es así como se encuentra en numerosas traducciones de la Biblia). De todas formas, la existencia de una diosa Asherá está atestiguada en los textos de Ugarit, notablemente en los textos mitológicos, donde Asherá aparece como esposa de El, cabeza del panteón divino. Ella está presente también en Filistea en el siglo VII[5], donde lleva el título de "Qudshu", la santa.[6] El mismo título es utilizado en Mesopotamia para la diosa Ishtar, con la cual Asherá parece compartir un cierto número de rasgos.

Asherá era, aparentemente, una diosa popular en Siria y Palestina durante la primera mitad del primer milenio a.e.c., y esta situación era la misma en Judá e Israel. En una tumba de Khirbet el-Qom (14 km al oeste de Hebrón), se encuentra la inscripción siguiente, datada de la segunda mitad del siglo VIII:

> "Ouriyahou, el rico lo escribió (o: lo ha hecho escribir). Bendito sea Ouriyahou por YHWH; de sus enemigos lo salvó por su Asherá".

---

5 En las excavaciones de Tel Miqné se encuentra escrito sobre tiestos la palabra "ashrt" (Asherata). Cf. Gitin, S., "Ekron of the Philistines. Part II. Olive-Oil Suppliers to the World": *BAR* 16 (1990), p. 32-43, 59 (p. 59, n. 18).

6 Se puede comprender, de cualquier forma, esta palabra como designando un santuario. Cf. los apuntes de Smith, M. S., "Yahweh and other Deities in Ancient Israel: Observations of Old Problems and Recent Trends": Dietrich, W. – Klopfestein, M. A. (ed.), *Ein Gott allein*, p. 197-234 (p. 200 con n. 20).

Asherá aparece aquí en una función de diosa protectora asociada a YHWH. Algunos especialistas piensan que Asherá designa en esta inscripción, una especie de hipóstasis de la intervención salvadora de YHWH, simbolizada por un poste sagrado colocado al lado del altar de YHWH (cf. Dt 16:21). De cualquier forma, aún si Asherá evoca aquí en primer lugar un símbolo cultual (un árbol estilizado), no se sabría cómo separar este símbolo de la diosa que representa. Se puede igualmente destacar que Asherá se presenta aquí en un contexto de protección militar, lo que demuestra que ella no sólo asumía funciones "típicamente femeninas" como se ha pretendido. La diosa puede revestir también, aparentemente, funciones guerreras, así como su colega Ishtar en las religiones semíticas del Este.

> ❧
>
> *Algunos especialistas piensan que Asherá designa en esta inscripción, una especie de hipóstasis de la intervención salvadora de YHWH, simbolizada por un poste sagrado colocado al lado del altar de YHWH.*
>
> ☙

Asherá es igualmente representada como la esposa de YHWH en Kuntillet Ajrud (lugar situado en el desierto a 50 km al suroeste de Qadesh-Barnea). Se descubrió allí los restos de una construcción datada en el siglo VIII, cuya función es ahora discutida (santuario, escuela o más probablemente un puesto comercial o una estación de relevo). Una inscripción en un muro contiene el siguiente texto: *"Te bendigo por* (o: *delante) YHWH de Temán y por su Asherá"*. Sobre un fragmento de una jarra se encuentra una escritura en tinta roja que dice: *"Habla a Yehal(el) y a Yoash… Yo os bendigo por YHWH de Samaria y por su Asherá"*. YHWH aparece aquí bajo manifestaciones locales diferentes que sobrepasan el cuadro geográfico de Judá e Israel (Temán se encuentra en Arabia), sin embargo, él está siempre acompañado de Asherá.

La segunda inscripción se encuentra encima de un dibujo que representa dos personajes, tras ellos, en un segundo plano, se ve claramente un personaje femenino tocando un instrumento musical. ¿Tendríamos en las dos figuras principales, una representación de la pareja formada por YHWH y Asherá, como creen algunos?[7] El personaje de la derecha parece, en efecto, tener senos, pero se debe notar que tiene también, aparentemente, un pene.[8] Algunos autores sugieren que se habría "masculinizado" la figura de YHWH con voluntad de censura[9], pero esta propuesta es muy especulativa. Las figuras del dibujo tienen los trazos del dios egipcio Bes (que es representado aquí en compañía de su gemelo, así como de su doble femenino Beset), y no es seguro que exista un ligamen entre el dibujo y la inscripción. No obstante, se debe notar que sobre el otro costado de la jarra, se encuentra un dibujo

---

7 Mordechai Gilula, "To Yahweh Shomron and his Ashera": *Shnaton* 3 (1979), p. 129-137 (ivrit), XV-XVI (inglés); Schmidt, B. B., "The Aniconic Tradition: On Reading Images and Viewing Texts": Edelman, D. V. (ed.), *The Triumph of Elohim. From Yahwisms to Judaisms* (Contributions to Biblical Exegesis and Theology), Kampen: Kok Pharos, p. 75-105, aquí p. 87-88.

8 Según Othmar Keel y Christoph Uehlinger, no es del todo claro, de hecho, que la figura de la derecha esté realmente pintada con un falo. Cf. *Dieux, déesses et figures divines. Les sources iconographiques de l'histoire de la religion d'Israël*, Paris: Cerf, 2001, p. 217-219.

9 Cf. Mordechai Gilula. Sin embargo, podemos recordar que la diosa Ishtar puede tener una sexualidad ambigua, ya que aparece con rasgos masculinos igualmente.

representando un árbol estilizado y un león. En efecto, estos dos elementos pueden ser comprendidos como representaciones de Asherá, quien podría estar asociada a los félidos.

Igualmente poseemos una representación de una pareja divina proveniente de Tell Beit Mirsim en Judá.[10] Se trata de una pareja divina sobre un trono con una figura masculina ocupando el lugar central y una mujer a su lado, los dos compañeros están rodeados por animales sagrados, leones o esfinges. Según Christoph Uehlinger, tendríamos aquí una representación de YHWH y de "su" Asherá, proveniente del siglo VIII o VII.[11]

Aún cuando el testimonio iconográfico no es absolutamente unívoco, la veneración de una diosa al lado de YHWH en la religión de Israel y Judá permanece como una certeza. De cualquier forma, esta veneración es confirmada por textos bíblicos. Así Os 4:12-13 hace alusión a un culto ligado a los árboles sagrados y practicado por mujeres.[12]

---

10 Ver sobre este punto Jeremias, J., "Thron oder Wagen? Eine außergewöhnliche Terrakotte aus der späten Eisenzeit in Juda": Zwickel, W. (ed.), *Biblische Welten (FS M. Metzger)*, Fribourg/Göttingen: Universitätsverlag/ Vandenhoeck & Ruprecht, 1993, p. 40-59. El objeto fue comprado en un mercado negro de antigüedades. Su proveniencia es, entonces, incierta.

11 Christoph Uehlinger, Anthropomorphic Cult Statuary in Iron Age Palestine and the Search for Yahweh's Cult Images, en: Karel van der Toorn (ed.), *The Image and the Book: Iconic Cults, Aniconism, and the Veneration of the Holy Book in Israel and the Ancient Near East* (Contributions to Biblical Exegesis and Theology, 21), Leuven: Peeters, 1997, p. 151.

12 El v. 13 menciona las hijas y las nueras. La palabra *elah* en el mismo verso puede tener dos sentidos: "roble" y "diosa"; ver la explicación de este texto difícil en Wacker, M. T. "Spuren", p. 334s.

Empero, la veneración de YHWH y su pareja hacía parte igualmente de la teología de los santuarios reales. 1 Re 12:26-33 relata la manera en la que Jeroboán 1°, después de haber declarado la independencia de Israel frente a Judá, hace de Betel un santuario real, instalando ahí dos estatuas de animales destinadas a servir, aparentemente, como tronos para YHWH y su pareja.[13] En el reino de Judá, el templo de Jerusalén tenía realmente una estatua de Asherá, ya que 2 Re 18,4 afirma que el rey Ezequías habría hecho desaparecer una asherá del templo. No

> ೞ
>
> *En el reino de Judá, el templo de Jerusalén tenía realmente una estatua de Asherá, ya que 2 Re 18,4 afirma que el rey Ezequías habría hecho desaparecer una asherá del templo. No obstante, algunos años más tarde, su sucesor Manasés restableció esa asherá (2 Re 21:3.7) que, según el relato bíblico, sería definitivamente retirada durante la reforma cultual de Josías en el 622 a.e.c. (2 Re 23:4,6-7).*
>
> ෨

obstante, algunos años más tarde, su sucesor Manasés restableció esa asherá (2 Re 21:3.7) que, según el relato bíblico, sería definitivamente retirada durante la reforma cultual de Josías en el 622 a.e.c. (2 Re 23:4,6-7). Antes de prestar atención a las razones del divorcio entre YHWH y Asherá, debemos mencionar brevemente otras diosas veneradas por los israelitas y los judíos.

---

13 Cf. Knauf, E. A., "Bethel": *RGG⁴*, 1998, col. 1375. El texto actual parece sugerir que se trata de un becerro para Betel y el otro para el santuario de Dan (v. 29). Al contrario, los vv. 28 y 32 hablan de *dioses*, en plural, para el santuario de Betel. Es posible que la consorte de YHWH no fuera Asherá sino, sobre todo, Anat, como lo sugieren los textos de Elefantina (ver más adelante).

4. La Reina del Cielo

Dos textos del libro de Jeremías dan testimonio del culto a una diosa llamada la "Reina del Cielo". Aparentemente, se trataba sobre todo de un culto familiar alrededor del cual las mujeres tenían un rol principal. Ellas confeccionaban pasteles que, al parecer, tenían la imagen de la diosa, como lo sugieren Jr 7:18 "Los hijos recogen leña, los padres encienden el fuego, las mujeres amasan el pan y hacer pasteles para la Reina del Cielo" y Jr 44:19 "Nosotros le preparamos pasteles que la representan". En Jr 44, los judíos que se refugiaron en Egipto para escapar de los babilonios, vieron en la catástrofe de la caída de Judá y de Jerusalén, una sanción divina por detener los sacrificios a la Reina del Cielo: "Desde que dejamos de quemar incienso a la Reina del Cielo y de hacerle libaciones, carecemos de todo y acabamos víctimas de la espada y el hambre" (44:18).

La identidad de esta diosa sigue abierta: algunos investigadores la identifican con Asherá, pero las connotaciones astrales de la misma podrían evocar igualmente, una diosa del tipo de Ishtar.[14] En todo caso, las protestas que se expresan en este texto contra la nueva teología "oficial" que se establece antes del exilio, muestran claramente la popularidad de esta diosa.

---

14 Cf. Houtman, C., "Queen of Heaven": *DDD*, 1999², p. 678-680, para la identificación con Asherá Koch, K., "Aschera als Himmelskönigin in Jerusalem": *UF* 20 (1988), p. 97-120. No siempre es posible distinguir claramente entre las diferentes diosas veneradas en Siria-Palestina.

El lugar de lo femenino en las religiones monoteístas constituye un problema puesto en evidencia desde hace algunas décadas por las lecturas y exégesis feministas. Siendo que el Dios único toma atributos esencialmente (sino exclusivamente), masculinos, es difícil no ver ahí un fenómeno de consolidación de la dominación masculina en el seno de la sociedad. En este estudio, se hace un recuento de la expulsión progresiva del componente femenino en la religión de Israel. Después de haber subrayado la importancia del culto a las diosas, tanto en la veneración popular como en el culto oficial, se muestra de qué manera el surgimiento del monoteísmo en Judea al final del exilio babilónico, se acompañó de la condena al culto de las diosas. Algunos aspectos de este culto sin embargo, se mantuvieron, en particular, por la trasposición de imágenes típicamente asociadas a lo femenino en la representación del Dios único. En este sentido, la Biblia hebrea testimonia ya los límites de una representación exclusivamente masculina de Dios, y abre así nuevas interrogantes sobre nuestra manera de pensar y representar a ese Dios que, según la Biblia misma, trasciende todas las diferencias.

5. YHWH y Anat

Inclusive en el siglo V se encuentra aún una diosa asociada a YHWH en la colonia judía instalada en Elefantina, isla en el sur del río Nilo frente a Asuán. Esta comunidad, que encuentra sus orígenes en la época asiria y donde habría

149

> ☙
>
> *En Elefantina se prestaban juramentos por "Yahô, el dios, por el templo y por la Anat de Yahô". YHWH aparecía en esta fórmula como el dios principal de la tríada. El santuario de la colonia era su templo y él estaba, indiscutiblemente, acompañado de una diosa.*
>
> ☙

estado una colonia de soldados israelitas, poseía, durante la época persa, su propio templo a YHWH, a pesar de la prohibición de Dt 12, que exigía la centralización del culto en Jerusalén. Por otra parte, en este templo, YHWH (Yahô) no era venerado solo, sino en compañía de Anat y de Ashim-Betel. La presencia conjunta de estas tres divinidades evoca las tríadas divinas egipcias. En Elefantina se prestaban juramentos por "Yahô, el dios, por el templo y por la Anat de Yahô". YHWH aparecía en esta fórmula como el dios principal de la tríada. El santuario de la colonia era su templo y él estaba, indiscutiblemente, acompañado de una diosa.

El caso de Elefantina testifica también la popularidad de esta diosa (Anat), incluso durante la época persa. No obstante, la diosa va a desaparecer progresivamente de la religión israelita, debido al surgimiento del monoteísmo en Israel.

6. LA CONSTRUCCIÓN DEL MONOTEÍSMO Y LA EXPULSIÓN DE LA DIOSA

Existe un cierto consenso para situar el origen de la veneración monoteísta al inicio de la época persa (siglos VI-V a.e.c.). De cierta manera, se puede decir que la confesión monoteísta es la superación de la religión nacional, posterior a la crisis provocada por la destrucción de Jerusalén y el exilio babilónico. Ciertamente, el monoteísmo judío tiene elementos precursores:[15] desde el siglo VIII, círculos proféticos del Norte exigían la veneración exclusiva de YHWH. Ellos fueron remplazados hacia finales del siglo VII por una coalición de escribas, profetas y sacerdotes en la corte de Josías. Este grupo, que llamamos "deuteronomista", porque publica hacia el 622 la primera edición del Deuteronomio, es el origen de la reforma de Josías. Aun cuando la reconstrucción histórica sea difícil, se puede ver en la política de los consejeros de Josías, una tentativa de hacer de YHWH, el único dios venerado en el templo de Jerusalén, el cual es declarado ahora como único santuario legítimo. Esta política cultual está influenciada claramente por modelos asirios. Como se ha observado desde hace mucho, el Deuteronomio está decididamente marcado por la terminología e ideología de los tratados asirios, que exhortan a la obediencia absoluta y exclusiva de la figura del gran rey asirio. La estipulación de Dt 6:4 "Escucha Israel, YHWH es nuestro Dios, YHWH es uno", insiste sobre el vínculo exclusivo entre YHWH e Israel, y se opone a una veneración de YHWH en compañía de otros dioses o diosas, aunque sin negar todavía completamente, la existencia de estos últimos.[16]

---

15 Para más detalles, cf. Römer, Th., "L'Ancien Testament est-il monothéiste?": Emery, G – Gisel, P. (ed.), *Le Christianisme est-il un monothéisme?*, (Lieux théologiques 36), Genève: Labor et Fides, 2001, p. 72-92 (80-84).

16 La ideología del Deuteronomio puede caracterizarse como *monolatría*. Se constata un desarrollo parcialmente comparable en Asiria y Babilonia, donde se trató de promover el culto de un solo Dios.

Este punto no será superado hasta el inicio de la época persa. Los acontecimientos del 597/87 provocaron un trauma en las clases dirigentes que difícilmente puede sobrestimarse. La destrucción del templo, la deportación de la familia real y la ocupación del país por una potencia extranjera, significaron un cuestionamiento radical de la religión real que, como hemos visto, se caracterizaba por la veneración de YHWH en tanto que dios nacional. En un esquema cultual como este, la destrucción de Jerusalén y la deportación de las élites, significaban el abandono de Judá por YHWH (Ez 8:12), o la debilidad de YHWH, incapaz de defender a su pueblo contra los dioses de los babilonios (Is 50:2). La confesión de YHWH como Dios único se perfilaba, entonces, como una respuesta a la crisis de la religión nacional o, más bien, nacionalista.

Este surgimiento del monoteísmo post-exílico se acompaña al mismo tiempo, de la desaparición de la diosa. Esta desaparición se refleja posiblemente en una visión del profeta Zacarías (Za 5:5-11).[17] Según el relato de esta visión, el profeta ve una mujer encerrada en un canasto llamado *"rish'a"* (impiedad), y es llevada fuera del país para ser conducida a Babilonia, donde tendrá un santuario y un pedestal inamovible. Podría tratarse aquí de una metáfora de la expulsión del culto de la diosa de Judá[18] donde, de ahora en adelante, su único lugar posible se encuentra entre los pueblos "paganos".

---

17 Para este tema, cf. Uehlinger, Ch., "Die Frau im Efa (Sach 5,5-11): eine Programmvision von der Abschiebung der Göttin": *Bibel und Kirche* 49 (1994), p. 93-103.

18 Como una pura especulación: el término hebreo *rish'a* podría comprender como un juego de palabras con *asherá*.

La desaparición de la diosa plantea entonces un problema específico: se trata del lugar de lo femenino en esta "nueva" religión monoteísta. Por una parte, YHWH se convirtió en dios único y trascendente, pero, por otra, conserva sus títulos masculinos.

7. LA INTEGRACIÓN DE LOS TRAZOS FEMENINOS EN EL DISCURSO SOBRE YHWH

El libro que desarrolla más claramente la doctrina monoteísta en la Biblia hebrea es el segundo Isaías (Is 40-55). En sus primeros capítulos, los pueblos y sus dioses son llamados a presentarse delante de YHWH, para que reconozcan que no hay dios fuera de él (Is 45:6). Todas las otras divinidades no son más que quimeras, "madera para quemar" 44:15 (¿se trata aquí de una alusión a Asherá?). El profeta se burla del comercio de estatuas divinas que tienen como única utilidad la de enriquecer los artesanos (44:9-10).

Es igualmente en el libro del segundo Isaías que encontramos numerosas imágenes femeninas, en adelante, aplicadas a YHWH. En Is 49:15 Dios, por medio de este oráculo, responde al temor sentido de que él haya olvidado a su pueblo: "¿Olvida una mujer a su pequeño, olvida mostrar su ternura al hijo de sus entrañas? Aún si ellas se olvidaran, yo no te olvidaré". La actitud de YHWH con respecto al pueblo judío es comparada con el amor de una madre por sus niños. Igualmente, en 44:2 y 44:24, YHWH se presenta como quien formó a Israel en su vientre materno. Is 46:3 va en el mismo sentido: "Escúchenme, casa de Jacob, todo el resto de la casa de Israel, ustedes a quienes he llevado en brazos y cuidado desde el seno materno [*sobre-entendido*: el seno

> ❧
>
> *El regreso de la comunidad exiliada es presentado como un nuevo nacimiento, y YHWH asemeja aquí a la diosa madre que ha creado algo nuevo en sus dolores de parto... tenemos aquí la asombrosa transición de un Dios guerrero-varón a un Dios maternal que sufre al dar a luz a su pueblo.*
>
> ☙

de YHWH]". La referencia maternal es evidente: YHWH se ocupa de Israel como una madre que ha dado a luz. La metáfora del alumbramiento está igualmente presente en Is 42:14. En este versículo, el exilio del pueblo es explicado por el hecho que Dios descansaba inactivo. Pero esta época terminó, Dios actuará: "Como una mujer parturienta grito, respiro y aspiro a la vez". El regreso de la comunidad exiliada es presentado como un nuevo nacimiento, y YHWH asemeja aquí a la diosa madre que ha creado algo nuevo en sus dolores de parto. No obstante, en el versículo precedente (42:13), el mismo YHWH sale como un guerrero que se muestra ante sus enemigos. Así pues, tenemos aquí la asombrosa transición de un Dios guerrero-varón a un Dios maternal que sufre al dar a luz a su pueblo. Una transición similar se encuentra en el poema de Dt 32, que proviene de un autor contemporáneo del segundo Isaías donde YHWH aparece primero como padre (32:6 "¿No es él tu padre, el que te dio la vida?"). Pero, seguidamente, encontramos la acusación: "Has olvidado a quien te dio a luz".[19] En el poema, como puede verse, YHWH es a la vez, padre y madre de Israel.

---

19 Se encuentra aquí un verbo cuyo sentido preciso es "parir en los dolores" y se encuentra en participio masculino.

154

En los últimos capítulos del libro de Oseas, que han sido retrabajados (¿o reescritos?) alrededor de los siglos VI-V a.e.c., se observa un fenómeno similar, ya que la figura de YHWH integra allí elementos femeninos.[20] Según algunos autores, el capítulo 11 retoma las funciones y las representaciones de Ishtar en los oráculos reales, y los integra en el discurso sobre YHWH.[21] En los versículos 3-4, YHWH aparece representado como madre cuidadora. Es él quien enseña a Efraín (es decir, a Israel), a caminar, es él quien lo carga contra su mejilla como a un niño, quien le protege y le alimenta. En 14:9 YHWH es quien se compara al árbol fértil ("Yo soy como un ciprés siempre verde y es de mí que procede tu fruto"), símbolo de la diosa Asherá. El inicio de este versículo podría tener dificultades textuales; según Julius Wellhausen,[22] el versículo habría iniciado con esta afirmación de YHWH: "Soy yo quien soy su Anat y su Asherá". Si esta conjetura es correcta, tendríamos aquí la indicación clara de la voluntad de integrar las funciones de las diosas en la persona misma de YHWH.

La utilización de las imágenes femeninas para hablar de YHWH al inicio de la época persa, da testimonio de una cierta conciencia de los límites inherentes en un discurso monoteísta, presentando a Dios como a un Dios exclusivamente masculino. Contrariamente a las afirmaciones de ciertos críticos, es necesario notar que la Biblia hebrea contiene igualmente conceptos femeninos

---

20 Cf. en lo que sigue, notablemente Wacker, M. T., "Spuren".

21 Martti Nissinen, *Prophetie. Redaktion und Fortschreibung im Hoseabuch. Studien zum Werdegang eines Prophetenbuches im Lichte von Hos 4 und 11*, (AOAT 231), Neukirchen-Vluyn: Neukirchener Verlag, 1991, p. 268s.

22 Julius Wellhausen, *Die Kleine Propheten. Skizzen und Vorarbeiten* 5 (1898³), Berlin: Töpelmann, 1963, p. 134.

para hablar de Dios. Sin embargo, permanece en pie el hecho de que Dios nunca es llamado "madre" ni en el Antiguo ni en el Nuevo Testamento. Esto se explica sin duda, por el contexto socio-cultural en el cual nacieron los textos bíblicos, puesto que han sido escritos por hombres. No nos sorprendamos entonces que la figura de Dios siga siendo, ante todo, la figura del padre. Nos queda detenernos brevemente en este motivo, que juega un rol central en la religión de Israel en la Biblia hebrea.

8. Dios como padre de los creyentes

Antes del exilio, Dios era el padre del rey, de ahí que se subraye la posición privilegiada. Después del exilio babilónico, la designación de YHWH como padre se aplica en adelante a toda la comunidad. Este desplazamiento se puede explicar como una democratización de la ideología real. Luego de la desaparición de la corona, toda la comunidad se encuentra en una relación de proximidad con Dios. El término "padre" expresa entonces la idea de una dependencia cara a cara con respecto a la divinidad, pero también de un estatus privilegiado del creyente, que no tiene más necesidad de las mediaciones institucionales para entrar en relación con Dios (ver Dt 14:1 "Ustedes son hijos por YHWH, su Dios"). Esta misma idea se expresa con claridad en la plegaria del "Padre Nuestro", que Jesús de Nazaret enseña a sus discípulos. De hecho, podemos acoger esta evolución que ve la ampliación como cierta forma de "democratización" en la designación de Dios como padre, aunque forzosamente debemos constatar que seguimos en el dominio de lo masculino.

El relato de Gn 1 culmina con la creación del hombre como "imagen de Dios", lo que es igualmente un título real desde el origen. Tenemos aquí, entonces, el mismo fenómeno de democratización de la ideología real. Gn 1:28 afirma: "Dios creó al ser humano a su imagen, a imagen de Dios les creó, varón y hembra les creó". Podemos leer este texto como afirmación de la igualdad entre el hombre y la mujer pues Dios encuentra su semejante tanto en un hombre como en una mujer. Según Gn 1, Dios tiene en sí mismo cómo suscitar una imagen masculina y femenina a la vez. Pero esta admirable apertura no está presente en la mayor parte de los textos bíblicos. Igualmente, en el caso de Gn 1, se puede preguntar si la complementariedad entre hombre y mujer, no se da solamente con el fin de asegurar la reproducción, la cual el hombre no puede realizar hasta que aparezca la mujer. Élisabeth Badinter, lectora crítica y escéptica del primer relato de la Biblia, constata así que, contrariamente a las cosmogonías tradicionales, "no hay más rastro de diosa... la sensualidad de la Madre Tierra se volvió inútil en este nuevo proceso de creación".[23] Los sacerdotes que escribieron el primer capítulo de la Biblia querían, aparentemente, limitar la sexualidad, dominios de Ishtar y Asherá, solo a la función de la procreación. YHWH crea solamente por su palabra, pero el hombre tiene la necesidad de la mujer para continuar con la actividad creadora. Es así como en el libro del Levítico, los escritos sacerdotales contienen numerosas prescripciones sobre lo puro y lo impuro, que tienen por función -entre otras, la de controlar y limitar las actividades sexuales.[24]

---

23 Élisabeth Badinter, *L'Un est l'Autre: des relations entre hommes et femmes*, Paris: Odile Jacob, 1986, p. 115.

24 La distinción entre lo puro y lo impuro cubre también otras preocupaciones. La mayoría de estas prescripciones apuntan a infecciones de partes genitales. La idea que las relaciones sexuales les vuelve momentáneamente impuros

9. Israel como "nueva mujer" de YHWH
después del exilio: vida conyugal
entre Dios y su pueblo

Si bien, en tanto Dios único, YHWH es "célibe" en los libros proféticos, es presentado inmediatamente como el *marido* de Israel que ocupa entonces, metafóricamente hablando, el lugar de la diosa. Desde antes del exilio, el profeta Oseas había comparado la relación entre YHWH e Israel a la de un marido engañado constantemente por su esposa infiel: "se fue detrás de sus amantes, se olvidó de mí" (Os, 2:15).[25] Es sobre todo en las redacciones exílicas y postexílicas de los libros de Jeremías y Ezequiel que la representación de YHWH, como marido engañado, es utilizada para explicar el juicio contra Israel y Judá. El politeísmo de Israel y de Judá es comparado con la prostitución y el adulterio. En Jr 3, Ez 16 y 23, YHWH aparece como el marido (polígamo) de Israel (el Norte) y de Judá (el Sur). Ez 16:8-14 describe muy claramente los inicios de la relación entre YHWH y Jerusalén como una noche nupcial. Asimismo, la luna de miel es seguida de la infidelidad de la mujer que se prostituye (v. 15-34); entonces viene el juicio (v. 35-43), que es descrito con imágenes muy crudas, evocando una violación que algunos exégetas monoteístas han clasificado como "pornográficas". Al final del discurso de Ez 16, Dios promete que el restablecimiento del pueblo, que reconocerá finalmente a YHWH como su único Señor,

---

(hasta la puesta del sol) se encuentra en múltiples culturas del antiguo Cercano Oriente que tienen, por otra parte, divinidades femeninas y un culto a la sexualidad (Mesopotamia).

25 Se debe recordar que la datación de los textos del libro de Oseas es extremadamente difícil.

corresponderá al mismo tiempo al restablecimiento de la pareja que él formó con Israel (Ez 16:59-63). Tras textos como éstos, podemos ver fantasmas típicamente masculinos. Se quiere describir la pasión de Dios por su pueblo, pero se hace reproduciendo un discurso donde Dios es un varón sin defecto y la mujer luna persona adúltera.

10. ¿EXISTE UN LUGAR PARA LAS MUJERES EN LOS MONOTEÍSMOS?

Textos como los de los libros de Isaías o de Jeremías han tenido una gran influencia en la definición de lo femenino en la cultura judeo-cristiana. Se puede constatar, fácilmente, que los tres monoteísmos tienen dificultades para darle un lugar a lo femenino en sus discursos teológicos.

Igualmente podemos observar que lo femenino se hace presente por otras vías. Esto es particularmente visible en el culto mariano practicado en el catolicismo. ¿Se puede decir que María juega el rol de las diosas excluidas? Lo cierto es que desde la Edad Media, se ha empleado para María el título de *Regina coeli* (Reina del cielo), exactamente como la diosa evocada en

> ☞
>
> *"¿Se puede decir que María juega el rol de las diosas excluidas? Lo cierto es que desde la Edad Media, se ha empleado para María el título de Regina coeli (Reina del cielo), exactamente como la diosa evocada en Jr 44 (¿Ishtar?)… No es casualidad que del lado protestante se hayan buscado diferentes formas de revalorizar la figura de María desde hace algunos años".*
>
> ☜

Jr 44 (¿Ishtar?). Aun hoy, María lleva el título de Madre de Dios y de los hombres, bajo el cual es constantemente invocada. De esta forma, no es casualidad que del lado protestante se hayan buscado diferentes formas de revalorizar la figura de María desde hace algunos años.

En el judaísmo, podemos evocar la importancia que tiene la *Shekiná* en la mística. Siguiendo la hipótesis de la presencia divina en el mundo, ella adopta de inmediato trazos femeninos asociados al Dios único.[26]

Estos fenómenos subrayan igualmente la dificultad de pensar y representar a un dios trascendente fuera de toda mediación. ¿Podemos hablar entonces de ese dios trascendente sólo con imágenes masculinas? La Biblia muestra que el empleo de otras imágenes es posible, aun cuando estas representaciones son minoritarias y han sido abandonadas durante más de dos mil años. Para hablar de Dios no tenemos más que imágenes, y esas imágenes son dependientes siempre de los contextos sociológicos e históricos en los cuales se sitúa el discurso teológico. Esto implica, al menos teóricamente, que las imágenes pueden evolucionar. ¿Debemos entonces remplazar el "Padre Nuestro" por la "Madre Nuestra"? Podemos hacerlo, sin duda, sabiendo que esto provocaría grandes resistencias. Pero no se trata de remplazar necesariamente al Dios padre por la Diosa madre. Sobre todo, debemos tratar de ir más allá de esta alternativa y de hablar distinto de ese Dios que, según numerosos testimonios bíblicos, rechaza ser cautivo de las concepciones humanas (cf. Os 11:9). Todo discurso monoteísta sobre Dios se enfrenta

---

26 Ya en Pr 8, la sabiduría aparece como una diosa que participa en la obra de la creación.

con este problema que, desde el plano lógico, parece insuperable. Para hablar de Dios no tenemos más que imágenes, metáforas que provienen de la experiencia humana y que son, por lo tanto, inadecuadas. Lo que corresponde es tomar conciencia del carácter limitado de todas estas imágenes y no idolatrar a un "Señor", un "Padre" o a una "Madre".

Traducción: *Hanzel Zúñiga V.*
Revisión: *José E. Ramírez K.*

7
Teología oficial
y religión popular

Thomas Römer
Collège de France

La mayor parte de los textos del Antiguo Testamento proviene de un pequeño grupo de intelectuales que intentaron, durante y después del exilio babilónico, reformular la fe yahvista. Al hacerlo, no se preocuparon para nada de las preocupaciones de "los judíos promedio" que, en su mayoría, habían quedado en Palestina.

La distinción entre "religión oficial" y "religión popular" se impuso desde hace tiempo en la sociología de la religión. Para conocer la religión popular judía entonces, el historiador debe leer el Antiguo Testamento entre líneas y tomar en cuenta algunos documentos extrabíblicos.

1. Los estudios de nombres propios

Los nombres que los padres y madres dan a sus hijos e hijas son un buen indicador de la religión popular. En la antigüedad, estos nombres eran casi siempre teofóricos, es decir, hacían referencia a una divinidad respecto de la cual se expresaba una actitud, una acción o a la cual se le solicitaba un deseo. El Antiguo Testamento conservó, junto a los nombres teofóricos yahvistas (como Jonatán: "Yahvé dio"), numerosos nombres propios que se refieren a otras divinidades: Ishbaal ("hombre de Baal"), Elqana ("[el dios] El creó"), Abram ("El padre [el ancestro divinizado] es elevado").[1] Estos nombres no son, de ninguna manera, residuos de una época arcaica. Los textos bíblicos y extra-bíblicos muestran que los nombres propios judíos, formados a partir de nombres de dioses extranjeros, siguieron en boga durante los períodos babilónico y persa: Mardoqueo ("Pertenciente a Marduk"), Shinusur ("Que Sin [dios lunar] proteja").[2]

Los teólogos que editaron la Biblia conservaron estos nombres que eran bastante comunes y de los cuales, algunos elementos teofóricos (como "El" y "Ab")[3], podían ser identificados con Yahvé. En algunos casos, sin embargo, se intentó una especie de censura. En el libro de Samuel, los últimos redactores sustituyeron en algunos nombres la terminación "baal" por "boshet": así Ishbaal se convirtió en Ishboshet ("hombre de la vergüenza").[4]

---

1 Jonatán (1 S 19:1), Ishbaal (1 Cro 9:39), Elqana (1 S 1:1), Abram (Gn 12:1) [Nota del traductor].

2 Mardoqueo (Est 2:5), Shinusur (1 Cro 3:18) [Nota del traductor].

3 Elías (1 R 17:1), Abías (1 S 8:2) [Nota del traductor].

4 Ishboshet (2 S 2:8) [Nota del traductor].

2. LAS PRÁCTICAS POLITEÍSTAS DURANTE LA ÉPOCA BABILÓNICA Y PERSA

Una gran parte de la población judía no deportada, quedó aparentemente ligada a las prácticas politeístas. Varios textos que adoptan la perspectiva de la Golá (los exilados a Babilonia), critican estas prácticas. Ezequiel (capítulo 8) indica que durante la época babilónica, se celebraba en Jerusalén el culto a Tamuz, dios mesopotámico muy popular, cuya muerte y resurrección garantizaban la fertilidad del país.[5] Según Ezequiel, los habitantes de Jerusalén justificaban sus prácticas religiosas señalando que Yahvé había abandonado el país. De igual forma, el culto a una diosa "reina del cielo" era muy común todavía en tiempos del exilio. Se trataba de un culto familiar en el cual las mujeres tenían un rol central. El capítulo 44 del libro de Jeremías critica severamente esta veneración. Quienes practicaban este culto y eran destinatarios de esta crítica del profeta, se oponían a la prohibición de su culto:

> *La mayor parte de los textos del Antiguo Testamento proviene de un pequeño grupo de intelectuales que intentaron, durante y después del exilio babilónico, reformular la fe yahvista. Al hacerlo, no se preocuparon para nada de las preocupaciones de "los judíos promedio" quienes, en su mayoría, habían quedado en Palestina.*

---

5 "[La mano del Señor Yahveh] Me llevó a la entrada del pórtico de la Casa de Yahveh que mira al norte, y vi que allí estaban sentadas las mujeres, plañiendo a Tammuz" [Nota del traductor].

"En eso que nos has dicho en nombre de Yahveh, no te hacemos caso, sino que cumpliremos precisamente cuanto tenemos prometido, que es quemar incienso a la Reina de los Cielos y hacerle libaciones, como venimos haciendo nosotros y nuestros padres, nuestros reyes y nuestros jefes en las ciudades de Judá y en las calles de Jerusalén, que nos hartábamos de pan, éramos felices y ningún mal nos sucedía. En cambio, desde que dejamos de quemar incienso a la Reina de los Cielos y de hacerle libaciones, carecemos de todo, y por la espada y el hambre somos acabados".

Hay que deducir que la abolición del culto a la reina del cielo (sin duda alguna la diosa Aserá), era todavía un tema seriamente discutido por el judaísmo de los siglos VI-V a.e.c. Un testimonio interesante de la sobrevivencia de la religiosidad popular, proviene de algunos documentos de la comunidad judía instalada en Elefantina, una isla situada al sur del Nilo, en el sur de Egipto, que abrigaba una guarnición militar en la época persa. En esta comunidad, que tenía su propio templo, se continuó asociando una diosa con Yahvé (Yahó). Así, se predicaba por "Yahó el dios, por el templo y por la Anat de Yahó". Otros dioses eran venerados igualmente bajo el nombre de Asham-Béthel y Haram-Béthel. A pesar de estas prácticas, que seguramente disgustaban mucho a la naciente ortodoxia en Jerusalén y Babilonia, los judíos de Elefantina mantenían frecuentes intercambios epistolares con las autoridades religiosas de Jerusalén. Parece incluso que les pagaban un impuesto eclesiástico.

3. Entre el rechazo y la integración

¿Cómo manejar la persistencia de una religiosidad popular con características politeístas, cuando los artesanos del judaísmo post-exílico habían ratificado en la Torá la veneración única a Yahvé y la observancia de sus leyes? Dos actitudes eran posibles: o bien, la condena de la religión popular, o bien, su integración en el sistema de la teología oficial. Como se observará con el ejemplo del culto a los ancestros difuntos, las dos actitudes fueron codificadas en la Biblia.

El culto a los muertos juega un papel importante en la mayoría de las religiones de la humanidad. Este es el caso también para las religiones del antiguo Cercano Oriente. Se acostumbraba traer alimentos y otras ofrendas a los difuntos con el fin de mantener la continuidad entre las generaciones, y para obtener prosperidad y protección. Así, las tumbas, especialmente las de algún ancestro del clan o de la tribu, tenían un carácter sacro. Isaías (65:4) habla de personas que visitaban los sepulcros durante la noche, lo que atestigua la práctica de un culto a los muertos durante la época persa ("habitan en tumbas y en antros hacen noche"). Los redactores del Deuteronomio reaccionaron contra esta práctica, prohibiéndola. Los ritos de duelo son declarados ilícitos ("No os haréis incisión ni tonsura entre los ojos por un muerto" Dt 14:1), lo mismo que los

> ❧
>
> *El culto a los muertos juega un papel importante en la mayoría de las religiones de la humanidad. Este es el caso también para las religiones del antiguo Cercano Oriente. Se acostumbraba traer alimentos y otras ofrendas a los difuntos con el fin de mantener la continuidad entre las generaciones, y para obtener prosperidad y protección.*
>
> ☙

alimentos ofrecidos a los muertos ("Dirás en presencia de Yahveh tu Dios: «He retirado de mi casa lo que era sagrado... Nada de ello he comido estando en duelo, nada he ofrecido a un muerto. He escuchado la voz de Yahveh mi Dios" (Dt 26:14).

Frente a esta pedagogía represiva, los redactores sacerdotales adoptan una estrategia diferente. Ellos buscan integrar la religiosidad popular a la fe yahvista, dándole a la primera un nuevo significado. En Génesis 23, un autor sacerdotal relata la compra de una tumba por parte de Abraham, que era sin duda el objeto de un culto. Al describir la adquisición de esta tumba como un acto inmobiliario banal, la piedad popular es tomada en cuenta y, a la vez, transformada. Puesto que Dios no interviene en ningún momento en esta historia, el lector es invitado a comprender que, si bien los gestos y ritos ligados a los ancestros son importantes, las tumbas patriarcales no tienen ningún valor sacro.

La actitud de la teología oficial de cara a la religión popular, oscila entre el rechazo y la "recuperación". Esta doble actitud se observa en las tres religiones monoteístas y eso se mantiene hasta hoy en día.

Traducción: *Daniel Mora.*
Revisión: *José E. Ramírez K.*

8
La guerra en la Biblia hebrea, entre la historia y la ficción

Thomas Römer
Collège de France

La guerra es omnipresente en la Biblia, no únicamente en la Biblia hebrea o Antiguo Testamento, sino también en el Nuevo Testamento: ¿no culmina este último con el Apocalipsis de Juan, con una gran guerra cósmica, en la cual el ejército divino enfrenta y vence a las fuerzas del diablo? Dios participa en las guerras humanas, e interfiere o da la orden de salir a la guerra. Este aspecto, que numerosos lectores de la Biblia pueden encontrar chocante, refleja sin embargo una concepción común de las culturas del antiguo Cercano Oriente.

1. LA GUERRA ¿ELEMENTO INDISPENSABLE DE LA VIDA HUMANA?

Anteriormente, como hoy, la guerra parece ser un medio al que no se puede renunciar frente a ciertos conflictos o amenazas. La palabra hebrea para la guerra, *milhama*, deriva de la raíz *l-h-m*, también presente en otras lenguas semíticas occidentales y significa "estar apretado, enfrentarse, pelearse". Existe sin embargo también el sustantivo *léhem*, que se traduce como "pan" o "comida". ¿Hay entonces una conexión entre la guerra y el alimento? La expresión "la espada devora" ¿atestigua esto? ¿Sería la guerra algo vital como el alimento?

Se tiene la costumbre de oponer la guerra a la paz. En hebreo, la palabra *šalom* significa "prosperidad, plenitud, bienestar, paz". Se deriva de la raíz *š-l-m*, presente en otras lenguas semíticas, "estar completo, intacto, realizado", y corresponde al concepto egipcio de *Ma'at*.

Pero contrariamente a lo que se puede pensar, la guerra (*milhama*) en el pensamiento hebreo no es lo opuesto a *šalom* ("paz, plenitud"). Guerra y paz son ambas opuestas al caos, al desorden. La guerra es entonces considerada como un medio para combatir el caos y restablecer la armonía y el orden.[1] Se entiende entonces por qué en algunos salmos de la Biblia hebrea, los enemigos concretos del rey de Israel son comparados con fuerzas demoníacas.

---

1 Para más detalle ver Sa-Moon Kang. *Divine War in the Old Testament and in the Ancient Near East* (BZAW 177). Berlín-New York: De Gruyter, 1989; Eckart Otto. "Krieg und Frieden in der Hebräischen Bibel und im Alten Orient: Aspekte für eine Friedensordnung in der Moderne". *Theologie und Frieden*. 18. Stuttgart: W. Kohlhammer, 1999.

2. La creación:
una guerra contra el Caos

En el antiguo Cercano Oriente, la creación es un combate, una guerra. Esto es así en la epopeya babilónica *Enuma Elish* – que obtiene su nombre de las primeras palabras del texto, que significan "Cuando en lo alto…". El inicio de esta epopeya se asemeja a la teogonía de Hesíodo. La pareja primordial – Tiamat (divinidad de las aguas saladas) y Apsu (divinidad de las aguas dulces) – engendra varias generaciones de dioses. Apsu, incomodado por su descendencia, quiere matar a sus niños y es finalmente asesinado por Ea/Enki, que se convierte en dios amigo de los humanos y maestro de las aguas dulces. Tiamat, que quiere vengar a Apsu, es a la vez asesinada por Marduk. Este último se convierte entonces, en el rey de los dioses y crea el mundo con los restos de Tiamat. La creación del mundo resulta entonces de una guerra entre los dioses. Una herencia de este concepto se encuentra en la Biblia, en el Salmo 74:12-17:

> *"Tú eres, oh Dios, mi rey desde el principio,*
> *autor de hazañas en medio de la tierra.*
> *Tú hendiste el Mar con tu poder,*
> *quebraste las cabezas de monstruos marinos,*
> *machacaste las cabezas de Leviatán*
> *y las echaste como pasto a las fieras.*
> *Tú abriste manantiales y torrentes,*
> *secaste ríos inagotables.*
> *Tuyo es el día, tuya la noche,*
> *tú la luna y el sol estableciste;*
> *tú trazaste las fronteras de la tierra,*
> *el verano y el invierno tú formaste".*

Aquí la creación del mundo por YHWH[2], el dios de Israel, es igualmente la consecuencia de una guerra contra fuerzas caóticas y acuáticas.

3. Un legado del antiguo Cercano Oriente

A nivel de la realeza, la guerra es vista como un medio para "restablecer el orden" y para afirmar la autoridad y el poder del rey, quien es socorrido por los dioses. Así, en todo el antiguo Cercano Oriente se desarrolla una verdadera ideología de la guerra que se manifiesta en la iconografía (*relieves*) y sobre todo en las narraciones de guerra, que juegan un rol importante en la literatura real. En las inscripciones reales, las hazañas guerreras del rey servían para su legitimación. Así, en el sello del rey Mukanishum de Mari[3], se le ve pisoteando a sus enemigos, que a la vez simbolizan el caos. Está rodeado por dos diosas, donde una, la de la izquierda, probablemente Ishtar, tiene como el rey una hoz.

4. Guerra y propaganda: la estela de Mérenptah

La estela del faraón Mérenptah, que se puede datar alrededor del 1210 antes de la era cristiana y que contiene la más antigua mención de Israel fuera de la Biblia, relata

---

2 Nota del autor: Le damos el nombre al dios de Israel por sus cuatro consonantes, la vocalización habitual "Yahvé" no está confirmada.

3 Jean Claude Margueron, *Mari: Métropole de l'Euphrate au III et au début du II millénaire avant J.C.* Paris: Picard. 2004, p. 517, figure 506-2.

las hazañas militares del rey de Egipto durante una campaña en el Levante:

"Una gran alegría ha llegado a Egipto, el júbilo se eleva en las ciudades del país bien-amado. Ellas hablan de las victorias que obtuvo Mérenptah sobre Tjehenou [los libios]…

Los jefes caen diciendo: ¡Paz! Ni uno solo levanta la cabeza sobre los Nueve Arcos [término utilizado para representar a los enemigos tradicionales de Egipto]. Derrotado está el país de Tjehenou. Hatti ha sido pacificado. Canaán ha sido despojado de todo lo malo que tenía. Ascalón es tomado. Gézer ha sido incautado, Yenoam [tal vez una región en Efraín] es como si nunca hubiera existido.

Israel está destruido, su simiente no existe más. Siria se ha convertido como viudas para Egipto.

Todos los países están unidos, están en paz. [Cada uno de] aquellos que vagaron están ahora unidos por el rey del Alto y Bajo Egipto, Baenrê, el hijo de Rê, Mérenptah, dotado de vida, como Rê, cada día". [4]

Se observa primero que la guerra, al menos en la retórica real, sirve para restablecer la paz. La estela ha sido formulada con mucha fineza retórica[5]. Así, Siria, palabra que alude sin duda a la región al interior de la cual se encontraba Israel —que aparece en la estela no como un término geográfico, sino como un grupo o pueblo— es comparada a viudas, o sea mujeres, mientras que la palabra

---

4 Traducción realizada a partir del artículo y no del texto original [Nota del traductor].

5 Para lo que sigue a continuación ver: Ludwig D. Morenz, "Wortwitz – Ideologie – Geschichte: »Israel« im Horizont Mer-en-ptahs". ZAW 120. 2008, p. 1-13.

"simiente", asociada a Israel, evoca la masculinidad. Se puede decir entonces, que Israel aparece como "hombre" (simiente) y "Siria" como "mujer", sin olvidar que la destrucción de la simiente puede también evocar la costumbre egipcia de cortar el pene de los vencidos.

> ❧
>
> *La guerra es omnipresente en la Biblia, no únicamente en la Biblia hebrea o Antiguo Testamento, sino también en el Nuevo Testamento: ¿no culmina este último con el Apocalipsis de Juan, con una gran guerra cósmica, en la cual el ejército divino enfrenta y vence a las fuerzas del diablo?*
>
> ☙

Contrariamente a lo que afirma la inscripción, Israel no fue destruido, al contrario, va a entrar en la historia poco tiempo después de la redacción de esta estela de Mérenptah. Esto confirma el carácter altamente propagandista de los textos oficiales sobre la guerra.

La guerra exitosa refuerza la autoridad y el poder del rey, y también una cierta "contabilidad": se cuentan las cabezas, las manos, los sexos, etc., de los enemigos muertos.

5. LA GUERRA Y EL DIOS TUTELAR: LA ESTELA DE MESHA Y LA IDEOLOGÍA DEL *HEREM*

En caso de crisis, hambrunas o derrotas militares, se podía considerar que el rey había fallado en su misión y podía ser destronado, lo que sucedía muy frecuentemente en el reino de Israel. Pero la reputación del dios nacional puede ser afectada igualmente en dichas situaciones de crisis. Puede haber una sanción del dios nacional contra el pueblo, como lo atestigua la estela de Mesha, rey de Moab, cuya inscripción data del noveno siglo antes de nuestra era (estela de basalto, descubierta en 1868).[6] El rey Mesha interpreta la victoria de Israel sobre Moab como un signo de la cólera de Kemosh, dios tutelar de Moab. Pero Kemosh se arrepiente enseguida de su cólera y ordena a Mesha ir a la guerra contra Israel, lo que le permite recuperar los territorios perdidos y destruir el santuario de YHWH erigido en el país de Moab. La victoria sobre Israel es a la vez, entonces, una victoria de Kemosh sobre YHWH.

Las divinidades, particularmente los dioses y diosas de la guerra como Ishtar, se involucraban en las guerras de los humanos. La victoria era debida a la ayuda de la divinidad, la derrota resultaba del abandono del pueblo por parte de su dios titular. En caso de derrota, los templos y el país eran saqueados y las estatuas o símbolos de las divinidades derrotadas eran deportados al santuario del vencedor, como lo muestra la estela de Mesha y numerosos documentos.

La estela de Mesha menciona la práctica del *herem*, que es igualmente atestiguado en la Biblia hebrea, por ejemplo, en 1 Samuel 15:2-3:

---

6 Una traducción francesa se encuentra en Jacques Briend et Marie-Joseph Seux (Éd. et trad.). *Textes du Proche-Orient ancien et histoire d'Israël (Études annexes de la Bible de Jérusalem)*. Paris: Cerf. 1977. Para una interpretación de la estela, cf. Andrew Dearman (dir.). *Studies in the Mesha Inscription and Moab.* (Archaeology and Biblical Studies 2). Atlanta GA: Scholars Press, 1989.

"Esto dice Yahveh Sebaot: He decidido castigar lo que Amalec hizo a Israel, cortándole el camino cuando subía de Egipto. Ahora, vete y castiga a Amalec, consagrándolo al anatema (= *herem*) con todo lo que posee, no tengas compasión de él, mata hombres y mujeres, niños y lactantes, bueyes y ovejas, camellos y asnos.»".

También en Josué 6, luego de la conquista de Jericó, Josué recibe la orden de aplicar el *herem* a todos los habitantes de la ciudad. El *herem* ("la separación") resulta de la idea de que es la divinidad la que ha concedido la victoria, y por lo tanto, todo el botín, personas, bestias y objetos de valor, le pertenecen. Tal vez se practicó este ritual ofreciendo *pars pro toto*[7] humanos o animales en sacrificio quemándolos.[8] Es difícil imaginar que el *herem* haya sido sistemáticamente aplicado, pues era contrario a los intereses económicos ligados a la guerra en la antigüedad. Algunos reyes asirios presumen haber exterminado completamente a sus enemigos[9], lo

> ☙
>
> *La ley del herem es, ante todo, una construcción ideológica… un concepto clave de los redactores de los libros de Deuteronomio, Josué, Jueces, Samuel y Reyes, que construyen una teoría de la exterminación total de los habitantes autóctonos de Canaán.*
>
> ☙

---

7 Expresión latina que significa "(tomar) una parte por el todo" [Nota del traductor].

8 Susan Niditch. *War in the Hebrew Bible. A Study in the Ethics of Violence*. New York-Oxford: Oxford University Press. 1993.

9 Ver por ejemplo los anales de Assur-nasir-pal, citados por K. Lawson Younger Jr. *Ancient Conquest Accounts. A Study in Ancient Near Eastern and Biblical History Writing*. JSOT.S 98. Sheffield: Academic Press. 1990, p. 236.

que no les impide de ningún modo, hacer aparecer en los bajorrelieves de sus hazañas militares, filas impresionantes de prisioneros y del botín respectivo[10]. Asimismo, el texto de 1 Reyes 9:20-21, que describe el reinado de Salomón con rasgos prestados de soberanos asirios[11], constata que Salomón saca provecho de los enemigos obtenidos por medio del *herem,* asignándolos a tareas serviles. La ley del *herem* es, ante todo, una construcción ideológica que afirma que todo botín es propiedad de la divinidad. El término se convierte desde el siglo VI antes de nuestra era en un concepto clave de los redactores de los libros de Deuteronomio, Josué, Jueces, Samuel y Reyes, que construyen una teoría de la exterminación total de los habitantes autóctonos de Canaán, mirando en realidad a la época persa para la construcción de una comunidad étnico-religiosa basada en la estricta separación respecto a los otros pueblos. De hecho, es a partir de esta utilización exclusivamente ideológica que los rabinos interpretaron el *herem* en el sentido de excomulgación de los infieles.

6. YHWH, Dios de la guerra

La afirmación bíblica según la cual YHWH interviene en las guerras humanas, se basa entonces sobre la idea común en todo el antiguo Cercano Oriente de que la guerra de los humanos es siempre la guerra de los dioses[12]. En Éxodo

---

10 Una contradicción similar se encuentra en la estela de Mesha, el cual, después de haber aplicado el *herem* contra Israel, tiene sin embargo prisioneros israelitas a su disposición.

11 La primera versión del reinado de Salomón (1 Reyes 1-11), fue sin duda redactada durante la época asiria, ver Ernst A. Knauf. *Die Umwelt des Alten Testaments.* NSK AT 29, Stuttgart. Katholisches Bibelwerk. 1994, p.115.

12 Moshe Weinfeld. "Divine Intervention in War in Ancient Israel and in the Ancient Near East", en: Hayyim Tadmor, Moshe Weinfeld (dir.). *History, Historiography and Interpretation.* Jerusalem: Magnes Press. 1982, p. 121-147.

15:3, encontramos una exclamación litúrgica: "YHWH es un guerrero (*'ish milhama*). Su nombre, es YHWH".[13] Y el Salmo 24 refleja la procesión de una estatua de YHWH celebra el regreso del dios guerrero a su santuario:

"¡Puertas, levantad vuestros dinteles,
alzaos, portones antiguos,
para que entre el rey de la gloria!
¿Quién es ese rey de gloria?
Yahveh, el fuerte, el valiente,
Yahveh, valiente en la batalla."
"¡Puertas, levantad vuestros dinteles,
alzaos, portones antiguos,
para que entre el rey de la gloria!
¿Quién es ese rey de gloria?
Yahveh Sebaot, él es el rey de gloria".

El nombre "YHWH Sebaot", significa "YHWH, dios de los ejércitos". Esta expresión aparece más de 280 veces en la Biblia hebrea, a menudo para representar una imagen real del dios de Israel (y aparece también en un *grafiti* del siglo VIII antes de la era cristiana). Pero ¿a qué ejércitos se hace referencia? Si el título habla de ejércitos humanos, reflejaría entonces la función primitiva de YHWH como dios de la guerra, tal como aparece por ejemplo en 1 Samuel 17:45: "Dijo David al filisteo: «Tú vienes contra mí con espada, lanza y jabalina, pero yo voy contra ti en nombre de Yahveh Sebaot, Dios de los ejércitos de Israel, a los que has desafiado." La mayor parte de los textos sugieren sin embargo que son ejércitos celestiales los que están a las órdenes de YHWH:

---

13 Traducción hecha a partir del texto del artículo [Nota del traductor].

"Bendigan a YHWH, todos ustedes, sus ejércitos, que están a sus servicios y que hacen su voluntad" (Salmo 103:21).[14]

Pero tal vez no hay que forzar esta lectura, el título podría evocar también, según el contexto, la participación de YHWH tanto en la guerra humana como en las guerras celestiales, especialmente a la hora de combatir las fuerzas caóticas del mar, que amenazan la estabilidad de la creación, como lo expresa el Salmo 89:9-10: "Yahveh, Dios Sebaot, ¿quién como tú?, poderoso eres, Yahveh, tu lealtad te circunda. Tú domeñas el orgullo del mar, cuando sus olas se encrespan las reprimes". En tanto dios guerrero, YHWH tiene a sus órdenes un ejército celeste, a la vez que comanda y lidera el ejército de aquellos que lo veneran.

7. UNA GUERRA, DOS NARRACIONES DIVERGENTES

Existen algunos casos en la antigüedad, especialmente en la Biblia pero también en la historia reciente, donde dos grupos o países que se enfrentan en una guerra reivindican, cada uno para sí, la victoria sobre el enemigo. Un ejemplo de esto lo tenemos en 2 Reyes 18-20, que narra un conflicto militar entre asirios y judíos que tuvo lugar a finales del siglo octavo a.e.c. El hecho se presenta como una victoria de los judíos y de su rey Ezequías gracias a una intervención milagrosa de YHWH:

"Aquella misma noche salió el Ángel de Yahveh e hirió en el campamento asirio a 185.000 hombres; a

---

14 Traducción hecha a partir del texto del artículo [Nota del traductor].

179

la hora de despertarse, por la mañana, no había más que cadáveres. Senaquerib, rey de Asiria, partió y, volviéndose, se quedó en Nínive" (2 Reyes 19:35-36).

El abandono del sitio de Jerusalén equivale, desde la perspectiva bíblica, a una derrota del ejército asirio, mientras que en los anales de Senaquerib, Ezequías es derrotado y Judá pierde casi todas sus ciudades:

"En cuanto a Ezequías del país de Judá, que no se sometió a mi yugo, yo sitié y conquisté 46 ciudades fuertes... En cuanto a él, lo encerré en Jerusalén su ciudad real como a un pájaro en su jaula".[15]

En el plano histórico, los eventos del 701 antes de nuestra era, significan una derrota punzante para el reino de Judá que fue reducido a la ciudad de Jerusalén y sus alrededores[16]. Del otro lado, los asirios no destruyeron la ciudad de Jerusalén, tal vez porque querían mostrar su poder, dejando un reino-vasallo visiblemente reducido o porque había problemas en Asiria. En la Biblia, la derrota evidente de Judá fue transformada en una brillante victoria, y la idea de la invencibilidad de Jerusalén reforzó la teología sionista, según la cual YHWH protegería por siempre su montaña santa en Jerusalén.

---

15 Jacques Briend et Marie-Joseph Seux. *Textes du Proche-Orient ancien et histoire d'Israël. op. cit.* p. 118-121.

16 Según algunos, no subsistiría de Judá más que la ciudad de Jerusalén y su *hinterland;* así, por ejemplo, Gosta Werner Ahlström. *The History of Ancient Palestine from the Palaeolithic to Alexander's Conquest.* Sheffield: JSOT Press, 1993, p. 717-730 y mapa 21.

8. LA CONQUISTA DE CANAÁN, UNA GUERRA LITERARIA

El libro de Josué relata la instalación de las tribus israelitas en el país de Canaán como una *Blitzkrieg*[17] que duró solamente algunas semanas, y durante la cual Josué y su ejército masacraron toda la población autóctona y obtuvieron la victoria gracias a la intervención divina. ¿Es éste el primer genocidio de la humanidad?

Arqueólogos y exegetas concuerdan en que las narraciones que se encuentran en la primera parte del libro de Josué no reflejan una realidad histórica ya que el nacimiento de Israel es el resultado de un proceso de sedentarización largo y complejo. Se trata de una invención literaria de los escribas judíos del séptimo siglo a.e.c., confrontados por la propaganda y a la retórica guerrera de Asiria[18]. Frente

> ෬
>
> *... las narraciones que se encuentran en la primera parte del libro de Josué no reflejan una realidad histórica... Se trata de una invención literaria de los escribas judíos del séptimo siglo a.e.c., confrontados por la propaganda y a la retórica guerrera de Asiria.*
>
> ಬ

---

17 Expresión alemana que designa una "guerra relámpago" [Nota del traductor].

18 Nadav Na'aman. "The 'Conquest of Canaan' in the Book of Joshua and in History", en: Israel Finkelstein - Nadav Na'aman (Eds.). *From Nomadism to Monarchy. Archaeological and Historical Aspects of Early Israel.* Jerusalem-Washington: Israel Exploration Society (Biblical Archaeological Society, 1994, p. 218-281; Israel Finkelstein – Neil A. Silberman. *La Bible devoilée. Les nouvelles révélations de l'archéologie.* Paris: Bayard. 2002.

a la afirmación de los asirios, de que sus dioses les aseguraban la victoria frente a todos los pueblos, los autores de la primera edición del libro de Josué insisten en el hecho que ha sido YHWH quien ha dado el país a Israel, al darle la victoria sobre una variedad de pueblos que llevan a menudo nombres simbólicos, y que no reflejan en realidad comunidades históricas. La narración, ya mencionada, del sitio de Jerusalén en 2 Reyes 18-20, atestigua esta propaganda por palabra y por escrito.

> ℭℜ
>
> *Cuando el libro de Josué insiste en el hecho de que los otros pueblos no tienen derecho alguno a ocupar Canaán, esta constatación se aplica sin duda, en primer lugar, a los asirios, quienes ocupaban entonces el país. Jos 1-12, que pone en escena la victoria contra los cananeos, tiene en mente realmente a los asirios.*
>
> ℬ

Los autores de la primera versión del libro de Josué retoman esta retórica de la violencia para volverla contra los asirios. La afirmación de Josué 10:11 ("Mientras huían ante Israel por la bajada de Bet Jorón, Yahveh lanzó del cielo sobre ellos hasta Azecá grandes piedras, y murieron. Y fueron más los que murieron por las piedras que los que mataron los israelitas a filo de espada."), posee un paralelo en la "Carta al dios Asur" del rey asirio Sargón II. En este documento, se relata la victoria del ejército asirio gracias a una intervención del dios de la tormenta (Hadad): "El resto del pueblo había escapado... Hadad lanzó un fuerte grito contra ellos; con la ayuda de una lluvia torrencial y de piedras del cielo, aniquilo a los que quedaban". Cuando el libro de Josué insiste en el hecho de que los otros pueblos no tienen derecho alguno a ocupar Canaán, esta constatación se aplica sin duda, en primer lugar, a los asirios, quienes ocupaban entonces el país. Jos 1-12, que pone en escena la victoria contra los cananeos, tiene en mente realmente a los asirios.

Se puede tomar como otro ejemplo la conocida narración de la caída de Jericó (Jos 6). Es cierto que la toma de la ciudad se hizo por una intervención milagrosa de Yahvé. El pueblo rodea la ciudad en procesión hasta el séptimo día, cuando las murallas colapsan. Es entonces que Josué, hablando en nombre de Dios, exige la masacre de los habitantes de la ciudad:

> "La séptima vez, los sacerdotes tocaron la trompeta y Josué dijo al pueblo: «¡Lanzad el grito de guerra, porque Yahveh os ha entregado la ciudad!» «La ciudad será consagrada como anatema a Yahveh con todo lo que haya en ella; únicamente, Rajab, la prostituta, quedará con vida, así como todos los que están con ella en su casa, por haber ocultado a los emisarios que enviamos... El pueblo clamó y se tocaron las trompetas. Al escuchar el pueblo la voz de la trompeta, prorrumpió en gran clamor, y el muro se vino abajo. La gente escaló la ciudad, cada uno frente a sí, y se apoderaron de ella. Consagraron al anatema todo lo que había en la ciudad, hombres y mujeres, jóvenes y viejos, bueyes, ovejas y asnos, a filo de espada"... "Y Yahveh estuvo con Josué, cuya fama se extendió por toda la tierra" (Josué 6: 16-17, 20-21, 27).

Esta narración, que describe la masacre de toda una población bajo la orden de Yahvé, no es la rendición de cuentas histórica de la conquista de Jericó por parte de las tribus israelitas. De hecho, numerosas excavaciones efectuadas desde los años 1950 han demostrado la imposibilidad de leer la narración de Jos 6 como una narración histórica[19]. Los autores de estos relatos son los mismos que los de Deuteronomio, narradores que buscan responder teológicamente a la amenaza asiria.

Al afirmar la superioridad de YHWH sobre Asiria y sus dioses, los autores de la versión josiánica de Jos 1-12 transforman de golpe a YHWH, en un Dios tan guerrero y militarista como lo es Assur. Es tal vez en la época de Josías que se concibió por primera vez la instalación de Israel en el país como el resultado de una conquista militar. Se debe entonces leer entonces Jos 1-12, como un texto ideológico y no como un reporte histórico.

La perspectiva militarista de Josué es relativizada dentro del libro mismo. Después de la destrucción de Jerusalén y de la dispersión de los judíos en Babilonia y otros lugares al final del VI siglo a.e.c., el libro de Josué sufre varias redacciones que transforman la ideología del libro. En el discurso inicial que YHWH dirige a Josué, este último aparece primero como un jefe militar (Jos 1:1-7), pero la adición del verso 8 transforma un Josué bélico en un rabino respetuoso de la Torá: "Nunca se apartará de tu boca este libro de la ley, sino que de día y de noche meditarás en él" (RV60). La conquista del país se convierte así en una búsqueda de la Torá. Otra manera de criticar la imagen de un Dios nacionalista y guerrero es la adición de la historia de Rahab en Jos 2. Esta historia es una inserción tardía porque interrumpe la cronología de 1:11 (anuncio del cruce del Jordán en tres días) y 3:2

---

19 Jacques Briend. *Bible et Archéologie en Josué 6, 1-8, 29. Recherches sur la composition de Josué 1-12*. Thèse de doctorat. Paris. 1978.

(inicio del cruce después de tres días). La historia de Rahab denuncia una teología etnocéntrica, pues es una mujer extranjera quien confiesa a YHWH como el dios del cielo y la tierra (2:11), y es ella quien salva a los espías y hace posible la instalación de Israel. De aquí la necesidad de integrar los otros a Israel, como lo muestra la adición de Jos 6:25 "Mas Josué salvó la vida a Rahab la ramera... y habitó ella entre los israelitas hasta hoy..." (RV60).

> ☙
>
> *La perspectiva militarista de Josué es relativizada dentro del libro mismo... En el discurso inicial que YHWH dirige a Josué, este último aparece primero como un jefe militar (1:1-7), pero el v 8 transforma un Josué bélico en un rabino respetuoso de la Torá... La conquista del país se convierte así en una búsqueda de la Torá.*
>
> ☙

9. El pacifismo de las tradiciones patriarcales

Contrario a los libros de Josué, Samuel y Reyes, el término "guerra" está casi totalmente ausente del libro del Génesis: no aparece más que en el capítulo 14, un texto tardío que implica al patriarca Abraham en una especie de guerra mundial que refleja preocupaciones proto-apocalípticas. El gran exegeta Julius Wellhausen declara: "Los héroes de la leyenda israelita muestran poco gusto por la guerra"[20]. El libro del Génesis atestigua esto de muchas maneras: Abraham y los Patriarcas abogan

---

20 Julius Welhausen. *Prolegomena zur Geschichte Israels.* Berlín. De Gruyter. 1927 (reimpreso 2001), p. 319.

por la idea de una cohabitación pacífica, los moabitas y los amonitas están presentes como descendientes de Lot, yerno-hermano de Abraham, los ismaelitas y los madianitas son descendientes directos de Abraham vía Agar y Cetura, el país de los filisteos se revela como un país abierto a la acogida. En el Génesis, el hecho que YHWH dé o prometa el país a los Patriarcas y a sus descendientes, no implica de ninguna forma una guerra. Se deduce que el origen de las tradiciones patriarcales se sitúa fuera de la corte real. Los textos sobre Abraham, Isaac y Jacob reflejan contextos socio-económicos del campo. Los autores de estos textos abogan por intercambios y una cohabitación pacífica con los vecinos al Este y al Sur.

10. La utopía del fin de la guerra

Algunos textos bíblicos van más lejos todavía y prevén un fin de la guerra que se sitúa, sin embargo, al final de los tiempos, como lo muestra en particular un famoso pasaje transmitido en dos libros proféticos diferentes (Mi 4:1-5 e Is 2:2-4). Luego de que YHWH juzgue a las naciones, éstas transformarán sus armas en utensilios agrícolas:

"El juzgará entre pueblos numerosos, y corregirá a naciones poderosas; forjarán ellas sus espadas en azadones, y sus lanzas en podaderas. No blandirá más la espada nación contra nación, ni se adiestrarán más para la guerra. Se sentará cada cual bajo su parra, y bajo su higuera, sin que nadie le inquiete, ¡la boca de Yahveh Sebaot ha hablado!" (Miqueas 4:3-4).

Es YHWH, jefe de los ejércitos, quien anuncia aquí el final de la guerra. Otros textos de los últimos siglos antes de la era cristiana, utilizan la metáfora de la guerra para anunciar el triunfo divino sobre el mal, como el "rollo de la guerra" en Qumrán o el Apocalipsis de Juan en el Nuevo Testamento.

11. LA ESCATOLOGIZACIÓN DE LA GUERRA: LA GUERRA DEL DIOS (DEL BIEN) CONTRA EL MAL

La utopía del fin de la guerra es corregida o criticada, en los discursos de YHWH sobre el juicio universal de las naciones que se anuncia en Joel 4. Se encuentra en este texto una inversión de la imagen que se observa en Is 2:4 y Mi 4:3, la idea del fin de la guerra dando lugar a una guerra escatológica:

> "Porque he aquí que, en aquellos días, en el tiempo aquel, cuando yo cambie la suerte de Judá y Jerusalén, congregaré a todas las naciones y las haré bajar al Valle de Josafat: allí entraré en juicio con ellas, acerca de mi pueblo y mi heredad, Israel. Porque lo dispersaron entre las naciones, y mi tierra se repartieron... *Forjad espadas de vuestros azadones y lanzas de vuestras podaderas...* "¡Despiértense y suban las naciones al Valle de Josafat! Que allí me sentaré yo para juzgar a todas las naciones circundantes." (Joel 4:1-2,10,12).

Esta guerra escatológica aparece igualmente en el libro de Ezequiel en los capítulos 38-39, con el combate contra las fuerzas del mal simbolizadas por Gog de Magog y en Daniel 7, que describe un escenario apocalíptico en el cual cuatro bestias —cuatro reinos— se sucedieron antes que viniera el juicio final del "Anciano". Es también un concepto importante en Qumrán, como ejemplifica el "rollo de la guerra", donde los hijos de la luz luchan contra los hijos de las tinieblas, y como ejemplifica en el

187

Nuevo Testamento, el Apocalipsis de Juan, desplegando el combate contra Satán "la serpiente antigua".

12. Para concluir

La Biblia hebrea concede a la guerra un lugar importante, pues esta es omnipresente en el antiguo Cercano Oriente. Más aún, los textos bíblicos participan en la ideología del antiguo Cercano Oriente en relación con la guerra. Sin embargo, después de las diferentes catástrofes militares, y en particular de aquella del 587 antes de nuestra era, aparece una reflexión sobre la posibilidad de la desaparición de la guerra, mientras que se mantiene al mismo tiempo el concepto de guerra con una ideología de combate (escatológica) contra el caos o las fuerzas del mal.

Traducción: *Daniel Mora.*
Revisión: *José E. Ramírez K.*

Bibliografía

Achenbach, Reinhard & M. Arneth (eds.), *'Gerechtigkeit und Recht zu üben' (Gen 18,19)*. *Studien zur altorientalischen und biblischen Rechtsgeschichste, zur Religionsgeschichte Israels und zur Religionssoziologie*. Festschrift für Eckart Otto zum 65. Geburtstag. Wiesbaden: Harrassowitz. 2009.

Ackerman, Susan. "'And the women knead dough": The worship of the Queen of Heaven in sixth-century Judah', in P.L. Day (ed.), *Gender and Difference in Ancient Israel*, pp. 109–124. Minneapolis: Fortress Press. 1989.

Ahlström, Gosta Werner. *The History of Ancient Palestine from the Palaeolithic to Alexander's Conquest*. Sheffield: JSOT Press, 1993.

Ahn, Gregor. 'Monotheismus - Polytheismus. Grenzen und Möglichkeiten einer Klassifikation von Gottesvorstellungen', en: Manfried Dietrich & O. Loretz (eds.), *Mesopotamia - Ugaritica - Biblica* (Festschrift Kurt Bergerhof). Neukirchener Verlag, Neukirchen-Vluyn. (AOAT 232). 1993, pp. 1–24.

Albani, Matthias. *Der eine Gott und die himmlischen Heerscharen: zur Begründung des Monotheismus bei Deuterojesaja im Horizont des Astralisierung des Gottesverständnisses im Alten Orient*. Leipzig: Evangelische Verlagsanstalt. 2000.

Assmann, Jan. « Monothéisme et mémoire. Le *Moïse* de Freud et la tradition biblique », *Annales* 54 (1999) 1011-1026. Ver igualmente Jan Assmann, « Le traumatisme monothéiste », *MoBi* 124 (2000) 29-34.

Astruc, Jean. *Conjectures sur la Genèse*. Introduction et notes de Pierre Gibert. Paris: Noêsis. 1999.

Athas, George. *The Tel Dan Inscription. A Reappraisal and a New Interpretation* (JSOTSup 360; Copenhagen International

Seminar 12), London – New York: Sheffield Academic Press, 2003.

Auld, A. Graeme. - M. Steiner, *Jerusalem I. From the Bronze Age to the Maccabees* (Cities of the Biblical World). Cambridge: Lutterworth Press. 1996.

Badinter, Élisabeth, *L'Un est l'Autre: des relations entre hommes et femmes*. Paris: Odile Jacob, 1986.

Barkay, Gabriel *et al.*, « The Challenges of Ketef Hinnom. Using Advanced Technologies to Reclaim the Earliest Biblical Texts and their Context », *Near Eastern Archeology* 66, 2003, pp. 162-171).

Beaulieu, Paul-Alain. "The Sippar Cylinder of Nabonidus": Hallo, W. W. (Ed.). *The Context of Scripture. Volume II: Monumental Inscription from Biblical World*, Leiden – Boston – Köln: Brill, 2000, pp. 310-313.

Beaulieu, Paul-Alain. *The Reign of Nabonidus, King of Babylon 556-539 B.C* (YNER), New Haven, CT; London, Yale University Press, 1989.

Becking, Bob & D. Human (eds.), *Exile and suffering. A selection of papers read at the 50th anniversary meeting of the Old Testament Society of South Africa*, OTWSA/OTSSA, Pretoria, South Africa. 2007.

Berges, Ulrich. *Jesaja 40–48*. Freiburg, Basel/Wien: Herder. 2008.

Berlejung, Angelika. « Ein Programm fürs Leben. Theologisches Wort und anthropologischer Ort der Silberamulette von Ketef Hinnom », *Zeitschrift für die alttestamentliche Wissenschaft* 120, 2008, pp. 204-230.

Betz, Hans Dieter et al (Hrsg.). *Religion in Geschichte und Gegenwart*. Stuttgart: Mohr Siebeck (UTB). Auflage: 4., vollständig neu bearb. Aufl. 2008, Vol. I.

Bloch, Ernst. *L'athéisme dans le christianisme: la religion de l'exode et du royaume* (Bibliothèque de philosophie). Paris : Gallimard. 1978.

Bons, Eberhard et Thierry Legrand (éd.), *Le monothéisme biblique. Évolution, contexts et perspectives* (LeDiv, 244), Paris, Éd. du Cerf, 2011.

Briant, Pierre. *Histoire de l'empire Perse. De Cyrus à Alexandre.* Paris : Fayard. 1996.

Briend, Jacques et Marie-Joseph Seux (Éd. et trad.). *Textes du Proche-Orient ancien et histoire d'Israël (Études annexes de la Bible de Jérusalem).* Paris: Cerf. 1977.

Briend, Jacques. *Bible et Archéologie en Josué 6, 1-8, 29. Recherches sur la composition de Josué 1-12.* Thèse de doctorat. Paris. 1978.

Briend, Jacques. *Dieu dans l'Ecriture.* Paris: Cerf. 1992.

Buber, Martin. *Moïse* (trad. de l'allemand par A. Kohn). Paris: Presses universitaires de France. 1957.

Cannuyer, Christian. « La religion d'Akhénaton: monothéisme ou autre chose ? Histoire et actualité d'un débat égyptologique », en: René Lebrun, et al. (Éd.), *Deus Unicus* (HoRe, II/14). Turnhout : Brepols, 2014, 77-117.

Clermont-Ganneau, Charles. *La Stèle de Dhihan ou stèle de Mesa roi de Moab, 896 avant J. C. : Lettres à M. Le Cte. de Vogüé.* Paris: J. Baudry, Didier, 1870.

Daly, Mary, *Beyond God the Father: Toward a Philosophy of Women's Liberation (1973)*, Boston: Beacon Press, 1985.

Day, Peggy L. *An Adversary in Heaven. Satan in the Hebrew Bible* (HSM, 43). Atlanta, GA: Scholars Press, 1988.

Dearman, Andrew (dir.). *Studies in the Mesha Inscription and Moab.* (Archaeology and Biblical Studies 2). Atlanta GA: Scholars Press, 1989.

Delcor, Matthias. « Le texte de Deir 'Alla et les oracles bibliques de Bala'am », in *Environnement et Tradition de l'Ancien Testament* (Alter Orient und Altes Testament 228). Neukirchen-Vluyn: Kevelaer, Neukirchener Verlag – Butzon & Bercker. 1990, pp. 46-67.

Dhorme, Edouard, *L'évolution religieuse d'Israël* (Institut de philologie et d'histoires orientales et slaves de l'Université de Bruxelles. Série de l'Orient ancien). Bruxelles: Nouvelle société d'éditions, 1973.

Dietrich, Walter - Martin A. Klopfenstein (éd.), *Ein Gott allein? JHWH-Verehrung und biblischer Monotheismus im Kontext der israelitischen und altorientalischen Religionsgeschichte* (OBO, 139). Freiburg – Göttingen: Universitätsverlag - Vandenhoeck & Ruprecht, 1994.

Dietrich, Manfried - O. Loretz (eds.), *Mesopotamia - Ugaritica - Biblica* (Festschrift Kurt Bergerhof). Neukirchener Verlag, Neukirchen-Vluyn. (AOAT 232). 1993.

Dupont-Sommer, André. *Les Écrits esséniens découverts près de la mer mort.* Paris: Payot. 1953, 2ᵉ éd.

Durand, Jean-Marie, et al. (Éd.), *Colères et repentirs divins. Actes du colloque organisé par le Collège de France, Paris, les 24 et 25 avril 2013* (OBO, 278). Fribourg – Göttingen : Academic Press - Vandenhoeck & Ruprecht, 2015.

Durand, Jean-Marie. *Documents épistolaires du palais de Mari,* tome I, II, III (LAPO). Paris: Cerf. 1997-2003.

Dussaud, René. *Mélanges syriens offerts à Monsieur René Dussaud* – Secrétaire Perpétuel de l'Académie des Inscriptions et Belles-Lettres, par ses Amis et ses Élèves. II (BAH, 30), Paris: Geuthner. 1939.

Edelman, Diana V. (Ed.). *The Triumph of Elohim. From Yahwisms to Judaisms* (Contributions to Biblical Exegesis and Theology), Kampen: Kok Pharos. 1998.

Edelman, Diana. 'Proving Yahweh killed his wife (Zechariah 5:5–11)', *Biblical Interpretation* 11 (2003), 335–344. http://dx.doi.org/10.1163/156851503322566769

Ferry, Luc et Marcel Gauchet, *Le religieux après la religion* (Le libre de poche). Paris: Grasset, 2007.

Finkel, Irving n.d., *'Translation of the Cyrus Cylinder'*, viewed 10 October 2012, from http:// www.britishmuseum.org/explore/highlights/article_index/c/cyrus_cylinder_-_translation.aspx

Finkelstein, Israel - Nadav Na'aman (Eds.). *From Nomadism to Monarchy. Archaeological and Historical Aspects of Early Israel.* Jerusalem-Washington: Israel Exploration Society (Biblical Archaeological Society, 1994.

Finkelstein, Israël et Neil Asher Silberman, *La Bible dévoilée. Les nouvelles révélations de l'archéologie.* Paris: Bayard, 2002.

Finkelstein, Israël et Neil Asher Silberman, *Les rois sacrés de la Bible. À la recherché de David et Salomon*. Paris: Bayard, 2006.

Finkelstein, Israel, Z. Herzog, L. Singer-Avitz y D. Ussishkin, "Has King David's Palace in Jerusalem Been Found?", *Tel Aviv (Journal of the Institute of Archeology of Tel Aviv University)*, 34 (2), 2007, pp. 142-164.

Freud, Sigmund. *L'homme Moïse et la religion monothéiste* (Connaissance de l'Inconscient). Paris: Gallimard, 1986.

Funkenstein, Amos. «History, Counter-History and Memory», in Saul Friedlander (Ed.), *Probing the Limits of Representation: Nazism and the "Final Solution"*, Cambridge (Mass.) – London, Harvard University Press, 1992, pp. 66-81.

Garfinkel, Yosef – Kreimerman, I. – Zilberg, P., *Debating Khirbet Qeiyafa: A Fortified City in Judah from the Time of David*, Jerusalem: Israel Exploration Society. Jerusalem: The Hebrew University of Jerusalem. 2015.

Gauchet, Marcel. *Le désenchantement du monde: une histoire politique de la religion* (Bibliothèque des sciences humaines). Paris: Gallimard. 1985.

Gauchet, Marcel. *Un monde désenchanté?*. Paris: Les Éd. de l'Atelier/Les Éd. Ouvrières. 2004.

Gibert, Pierre. « Le monothéisme est très difficile à penser! », MoBi 124 (2000) 50-51.

Gibert, Pierre. *Jean Astruc, Conjectures sur la Genèse*. Paris: Noêsis. 1999.

Gilula, Mordechai, "To Yahweh Shomron and his Ashera": *Shnaton* 3 (1979), p. 129-137 (en hebreo).

Gitin, Seymour, "Ekron of the Philistines. Part II. Olive-Oil Suppliers to the World": *BAR* 16 (1990), p. 32-43.

Gorges-Braunwarth, S. *'Frauenbilder - Weisheitsbilder - Gottesbilder' in Spr 1–9: Die personnifizierte Weisheit im Gottesbild der nachexilischen Zeit*. Münster: Lit-Verlag. 2002.

Granerød, Gard, "The former and future temple of YHW in Elephantine: a tradition-historical case study of ancient Near Eastern antiquarianism": *ZAW* 127, 2015, pp. 63-77.

Granerød, Gard. *Dimensions of Yahwism in the Persian Period: Studies in the Religion and Society of the Judaean Community at Elephantine* (BZAW, 488). Berlin - New York, NY, de Gruyter, 2016, 24-80.

Groß, Walter (Hrs.), *Jeremia und die «deuteronomistische Bewegung*. Weinheim: Beltz Athenäum. 1995.

Hadley, Judith M. « Yahweh and "his Asherah": Archaeological and Textual Evidence for the Cult of the Goddess », en: Walter Dietrich y Martin A. Klopfenstein (éd.), *Ein Gott allein? JHWH-Verehrung und biblischer Monotheismus im Kontext der israelitischen und altorientalischen Religionsgeschichte* (OBO, 139). Freiburg – Göttingen: Universitätsverlag - Vandenhoeck & Ruprecht, 1994, 235-268.

Hadley, Judith M. *The Cult of Asherah in Ancient Israel and Judah: Evidence for a Hebrew Goddess* (University of Cambridge Oriental Publications 57). Cambridge: Cambridge University Press, 2000.

Houtman, Cornelis. "Queen of Heaven", en: Karel van den Toorn et al (Editors). *Dictionary of Demons and Deities*. Grand Rapids: Wm. B. Eerdmans Publishing Co.; Revised 2nd edition. 1999, p. 678-680.

Jeremias, Jörg. "Thron oder Wagen? Eine außergewöhnliche Terrakotte aus der späten Eisenzeit in Juda": Zwickel, W. (ed.), *Biblische Welten (FS M. Metzger)*, Fribourg/Göttingen: Universitätsverlag/Vandenhoeck & Ruprecht, 1993, p. 40-59.

Joisten-Pruschke, Anke. *Das religiöse Leben der Juden von Elephantine in der Achämenidenzeit* (GOF.I NF, 2). Wiesbaden: Harrassowitz. 2008.

Joosten, Jan. « Deutéronome 32,8-9 et les commencements de la religion d'Israël », en: Eberhard Bons et Thierry Legrand (éd.), *Le monothéisme biblique. Évolution, contexts et perspectives* (LeDiv, 244), Paris, Éd. du Cerf, 2011, 91-108.

Kang, Sa-Moon. *Divine War in the Old Testament and in the Ancient Near East* (BZAW 177). Berlín-New York: De Gruyter, 1989.

Keel, Othmar – Zenger, E. (ed.), *Gottesstadt und Gottesgarten. Zur Geschichte und Theologie des Jerusalemer Tempels.* Freiburg – Wien – Basel: Herder, 2002.

Keel, Othmar y Christoph Uehlinger. *Dieux, déesses et figures divines. Les sources iconographiques de l'histoire de la religion d'Israël.* Paris: Cerf, 2001.

Keel, Othmar. "Der salomonische Tempelweihspruch. Beobachtungen zum religionsgeschichtlichen Kontext des Ersten Jerusalemer Tempel", en: Othmar Keel – Zenger, E. (ed.), *Gottesstadt und Gottesgarten. Zur Geschichte und Theologie des Jerusalemer Tempels.* Freiburg – Wien – Basel: Herder, 2002, pp. 9-22.

Knauf, Ernst A. *Die Umwelt des Alten Testaments.* NSK AT 29, Stuttgart. Katholisches Bibelwerk. 1994.

Knauf, Ernst Axel. "Bethel", en: Hans Dieter Betz et al (Hrsg.). *Religion in Geschichte und Gegenwart.* Stuttgart: Mohr Siebeck (UTB). Auflage: 4., vollständig neu bearb. Aufl. 2008, Vol. I col. 1375.

Knauf, Ernst Axel. « El Šaddai - der Gott Abrahams ? », BZ NF 29 (1985) 97-103.

Knauf, Ernst Axel. *Richter* [ZBK.AT, 7], Zürich, Theologischer Verlag, 2016.

Knoppers, Gary N. *1 Chronicles 10–29.* New York: Doubleday. 2004.

Koch, Klaus. "Aschera als Himmelskönigin in Jerusalem": *UF* 20 (1988), p. 97-120.

Köckert, Matthias. 2009, 'Vom Kultbild Jahwes zum Bilderverbot. Oder: Vom Nutzen der Religionsgeschichte für die Theologie', *Zeitschrift für Theologie und Kirche* 106, 371–406. http://dx.doi.org/10.1628/004435409789877960

Kratz, Reinhard Gregor. 'Der Anfang des Zweiten Jesaja in Jes 40,1f. und das Jeremiabuch', *ZAW* 1994, 243–261.

Kratz, Reinhard Gregor. *Die Propheten Israels.* München: C.H. Beck. (Beck'sche Reihe 2326). 2003.

Kratz, Reinhard Gregor. *Kyros im Deuterojesaja-Buch: redaktionsgeschichtliche Untersuchungen zu Entstehung und*

Theologie von Jes 40-55 (FAT, 1), Tübingen: J.C.B. Mohr (Paul Siebeck), 1991.

Lagrange, Marie-Joseph, "L'esprit traditionnel et l'esprit critique. A propos des origines de la Vulgate", dans *Bulletin de littérature ecclésiastique* 1, 1899, pp. 37-50.

Lagrange, Marie-Joseph, *La méthode historique*, 2ᵉ édition, Paris: V. Lecoffre. 1904.

Lambert, Wilfred G. *Babylonian Wisdom Literature*, Winona Lake, IN: Eisenbrauns. 1996 (1960).

Le Roux, Jurie. 'Searching for a question and an answer', en: Reinhard Achenbach & M. Arneth (eds.), *'Gerechtigkeit und Recht zu üben' (Gen 18,19). Studien zur altorientalischen und biblischen Rechtsgeschichte, zur Religionsgeschichte Israels und zur Religionssoziologie.* Festschrift für Eckart Otto zum 65. Geburtstag. Wiesbaden: Harrassowitz. 2009, pp. 508–517.

Le Roux, Jurie. 2008, 'Suffering and hope during the Exile', en: Bob Becking & D. Human (eds.), *Exile and suffering. A selection of papers read at the 50th anniversary meeting of the Old Testament Society of South Africa*, OTWSA/OTSSA, Pretoria, South Africa, August, 2007, pp. 19–32.

Lemaire, André. 'Who or what was Yahweh's Aschera?', *BAR* 10/1984 (6), 42–51.

Lemaire, André. « Prières en temps de crise: Les inscriptions de Khirbet Beit Lei », *Revue Biblique* 83, 1976, pp. 538-568.

Lestang, François et al. (Éd.). «*Vous serez mon peuple et je serai votre Dieu*». *Réalisations et promesse* (Le livre et le rouleau, 51). Namur – Paris: Lessius. 2016.

Leuenberger, Martin. *'Ich bin Jhwh und keiner sonst': der exklusive Monotheismus des Kyros-Orakels Jes. 45, 1–7.* Stuttgart: Verlag Katholisches Bibelwerk. 2010.

Liverani, Mario. *La Bible et l'invention de l'histoire: histoire ancienne d'Israël.* Paris: Bayard. 2008.

Liverani, Mario. *Oltre la Bibbia: Storia antica di Israele*, Roma, Editori Laterza, 2003.

Lods, Adolphe. « Les origines de la figure de satan: ses fonctions à la cour céleste », en: (éd.), *Mélanges syriens offerts à*

Monsieur René Dussaud II (BAH, 30), Paris, Geuthner, 1939, 649-660.

Loisy, Alfred. *Études bibliques*. Paris, Alphonse Picard et fils, 1903, 3ᵉ éd.

Loisy, Alfred. *La Religion d'Israël*, Paris : E. Nourry. 3e éd. 1933.

Loretz, Oswald. *Psalm 29: kanaanäische El-und Baaltraditionen in jüdischer Sicht* (Ugaritisch-biblische Literatur 2). Altenberge: CIS-Verlag, 1984.

Luther, Martin, *Der große Katechismus (Deudsch Catechismus)*, 1529. URL : http://www.payer.de/fremd/luther.htm

Macchi, Jean-Daniel. «»Ne ressassez plus les choses d'autrefois». Ésaïe 43,16–21, un surprenant regard deutéro-ésaïen sur le passé», ZAW 121 (2009) 225-241.

MacDonald, Nathan. *Deuteronomy and the meaning of 'monotheism'*. Tübingen: Mohr Siebeck. 2003.

Marguerat, Daniel et A. Curtis (éd.), Intertextualités. La Bible en échos. (*Le Monde de la Bible*, 40). Genève: Labor et Fides, 2000.

Margueron, Jean Claude. *Mari: Métropole de l'Euphrate au III et au début du II millénaire avant J.C.* Paris: Picard. 2004.

Maul, Stefan M. *Zukunftsbewältigung: eine Untersuchung altorientalischen Denkens anhand der babylonisch-assyrischen Löserituale Namburbi)* (BaF). Mainz: P. von Zabern. 1994.

Mazar, Eilat. *Preliminary Report on the City of David: Excavations 2005 at the Visitors Center Area*. Jerusalem: Shalem Press. 2007.

Meshel, Zeev y Liora reud, *Kuntillet 'Ajrud (Ḥorvat Teman): an Iron Age II Religious Site on the Judah-Sinai Border*. Jerusalem: Israel Exploration Society, 2012.

Montagnes, Bernard. *Marie-Joseph Lagrange: une biographie critique* (Histoire Biographie), Paris: Éd. du Cerf, 2004.

Morenz, Ludwig D. "Wortwitz – Ideologie – Geschichte: »Israel« im Horizont Mer-en-ptahs". ZAW 120. 2008, p. 1-13.

Munk, Solomon. *Palestine. Description géographique, historique et archéologique*. Paris: Firmin Didot Frères, 1845.

Na'aman, Nadav & N. Lissovsky, « Kuntillet 'Ajrud, Sacred Trees and the Asherah », *Tel Aviv* 35, 2008, pp. 186-208.

Na'aman, Nadav. "The 'Conquest of Canaan' in the Book of Joshua and in History", en: Israel Finkelstein - Nadav Na'aman (Eds.). *From Nomadism to Monarchy. Archaeological and Historical Aspects of Early Israel.* Jerusalem-Washington: Israel Exploration Society (Biblical Archaeological Society, 1994, p. 218-281.

Niditch, Susan. *War in the Hebrew Bible. A Study in the Ethics of Violence.* New York-Oxford: Oxford University Press. 1993.

Niehr, Herbert. 'In search of YHWH's cult statue in the First Temple', en: Karel van der Toorn (ed.), *The Image and the Book. Iconic cults, aniconism, and the rise of the book religion in Israel and the Ancient Near East.* Leuven: Peeters. 1997, pp. 73–95.

Nihan, Christophe – Römer, T., "Le débat actuel sur la formation du Pentateuque", en : Thomas Römer – Macchi, J. D. – Nihan, C. (éds.), *Introduction à l'Ancien Testament* (Le Monde de la Bible 49). Genève: Labor et Fides, 2009 (2e éd.), pp. 158-184.

Nissinen, Martti. *Prophetie. Redaktion und Fortschreibung im Hoseabuch. Studien zum Werdegang eines Prophetenbuches im Lichte von Hos 4 und 11*, (AOAT 231). Neukirchen-Vluyn: Neukirchener Verlag, 1991.

Noth, Martin. *Überlieferungsgeschichtliche Studien. Die sammelnden und bearbeitenden Geschichtswerke im Alten Testament* (1943), Darmstadt, Wissenschaftliche Buchgesellschaft. 3ème éd. 1967.

Olyan, Saul M. *Ashera and the cult of Yahweh in Israel.* Atlanta: Scholars Press. 1988.

Otto, Eckart. "Krieg und Frieden in der Hebräischen Bibel und im Alten Orient: Aspekte für eine Friedensordnung in der Moderne". *Theologie und Frieden.* 18. Stuttgart: W. Kohlhammer, 1999.

Otto, Eckart. *Das Deuteronomium. Politische Theologie und Rechtsreform in Juda und Assyrien* (BZAW, 284). Berlin - New York, NY: de Gruyter. 1999.

Pfeiffer, Henrik. *Jahwes Kommen von Süden: Jdc 5, Hab 3, Dtn 33 und Ps 68 in ihrem literatur- und theologiegeschichtlichen Umfeld* (FRLANT 211). Göttingen: Vandenhoeck & Ruprecht, 2005.

Pritchard, James B. (Ed.). *Ancient Near Eastern Texts Relating to the Old Testament.* 2nd edn. New Jersey: Princeton University Press. 1955.

Puech, Émile. « L'inscription 3 de Khirbet el-Qôm revisitée et l'Ashérah », RB 122 (2015) 5-25.

Pury, Albert de. « La remarquable absence de colère divine dans le Récit sacerdotal (Pg) », dans: Jean-Marie Durand, et al. (Éd.), *Colères et repentirs divins. Actes du colloque organisé par le Collège de France, Paris, les 24 et 25 avril 2013* (OBO, 278). Fribourg – Göttingen : Academic Press - Vandenhoeck & Ruprecht, 2015, 191-213.

Reinach, Théodore. *Textes d'auteurs grecs et romains relatifs au judaïsme.* Paris: Les Belles Lettres, 1895 (nueva edición 2007).

Renan, Ernest. *Œuvres complètes.* Vol. VI. Paris: Calmann-Levy. 1953.

Rendtorff, Rolff, *Das überlieferungsgeschichtliche Problem des Pentateuch* (BZAW 147). Berlin – New York: de Gruyter, 1976.

Rezetko, Robert et al. (éd.), *Reflection and Refraction. Studies in Biblical Historiography in Honour of A. Graeme Auld* (VT.S, 113). Leiden - Boston, MA: Brill. 2007.

Römer, Thomas – Macchi, J. D. – Nihan, C. (éds.), *Introduction à l'Ancien Testament* (Le Monde de la Bible 49). Genève: Labor et Fides. (2ᵉ éd.). 2009.

Römer, Thomas. 'Le dossier biblique sur la statue de Yhwh dans le premier temple de Jérusalem. Enquêtes scripturaires à travers la Bible hébraïque', *Revue de Théologie et de Philosophie* 141 (2009), 321–342.

Römer, Thomas. 'Les monothéismes en question', in T. Römer (ed.), *Enquête sur le Dieu unique*, pp. 7–17. Paris: Bayard. 2010.

Römer, Thomas. 'Yhwh, the Goddess and Evil: Is "monotheism" an adequate concept to describe the Hebrew Bible's discourses about the God of Israel?', *Verbum et Ecclesia* 34/2 (2013), Art. #841, 5 pages. http://dx.doi.org/10.4102/ ve.v34i2.841

Römer, Thomas. "¿Y avait-il une statue de Yhwh dans le premier temple Enquêtes littéraires à travers la Bible hébraïque": *Asdiwal* 2, 2007.

Römer, Thomas. "La guerre dans la Bible hébraïque, entre histoire et fiction », en: Jean Baechler (dir.). *Guerre et religion.* (L'Homme et la Guerre). Paris: Hermann. 2015, pp. 31-39.

Römer, Thomas. "Le dieu unique d'Israël. Le monothéisme": en : AA.VV., *Enquête sur le dieu unique.* Paris: Bayard. 2010, pp. 118-122.

Römer, Thomas. "Le monothéisme": AA.VV., *Enquête sur le dieu unique.* Paris: Bayard., 80-89.

Römer, Thomas. « « Par amour et pour garder le serment fait à vos pères » (Dt 7,8). Les notions de peuple de Yahvé et d'élection dans le livre du Deutéronome et la tradition deutéronomiste », en: François Lestang, et al. (Éd.), «*Vous serez mon peuple et je serai votre Dieu». Réalisations et promesse* (Le livre et le rouleau, 51), Namur – Paris: Lessius. 2016, 113-134.

Römer, Thomas. « L'Ancien Testament est-il monothéiste ? », en: Gilles Emery - Pierre Gisel (éd.), *Le Christianisme est-il un monothéisme ?* (LiTh, 36). Genève: Labor et Fides. 2001, 72-92.

Römer, Thomas. « L'invention de Dieu » Les origines et l'évolution du dieu d'Israël. *Angelicum* Vol. 92 (2015) pp. 519-536.

Römer, Thomas. «La fille de Jephté entre Jérusalem et Athènes. Réflexions à partir d'une triple intertextualité en Juges 11», en: Daniel Marguerat et A. Curtis (éd.), Intertextualités. La Bible en échos (*Le Monde de la Bible*, 40). Genève: Labor et Fides, 2000, pp. 30-42.

Römer, Thomas. « L'histoire des Patriarches et la légende de Moïse: une doublé origine », *in* D. Doré (éd.), *Comment la Bible saisit-elle l'histoire ?* (« Lectio Divina », 215). Paris: Cerf, 2007, pp. 155-196.

Römer, Thomas. «The Hebrew Bible as Crisis Literature», en: Angelika Berlejung (Éd.), *Disaster and Relief Management. Katastrophen und ihre Bewältigung* (FAT, 81). Tübingen: Mohr Siebeck. 2012, 159-177.

Römer, Thomas. L'éviction du féminin dans la construction du monothéisme. *Études théologiques et religieuses.* 78 (2003) pp. 167-180.

Römer, Thomas. *L'invention de Dieu* (Les livres du nouveau monde). Paris: Seuil, 2014.

Römer, Thomas. La Première Histoire d'Israël. L'École deutéronomiste à l'œuvre (*Le Monde de la Bible*, 56). Genève: Labor et Fides, 2007.

Römer, Thomas. *La première histoire d'Israël. L'École deutéronomiste à l'oeuvre* (MoBi[G], 56). Genève: Labor et Fides. 2007, p. 79-87.

Römer, Thomas. *Le problème du monothéisme biblique.* RB 124, 2017, p. 12-25.

Römer, Thomas. *Les Cornes de Moïse. Faire entrer la Bible dans l'histoire*, Collège de France. Paris: Fayard. 2009.

Römer, Thomas. *Moïse en version originale. Enquête sur le récit de la sortie d'Égypte (Exode 1-15).* Paris –Genève: Bayard - Labor et Fides. 2015, 127-129.

Sandoz, Thomas. *Derrick – l'ordre des choses.* Grolley: L'Hèbe, 1999.

Sass, Benjamin. "On epigraphic Hebrew ʿŠR and *'ŠR, and on Biblical Asherah*": *Transeuphratène* 46 (Mélanges André Lemaire III), 2014, pp. 47-66.

Schenker, Adrian. « Le monothéisme israélite: un dieu qui transcende le monde et les dieux », *Bib.* 78 (1997) 436-448.

Schmidt, Brian B., "The Aniconic Tradition: On Reading Images and Viewing Texts", en: Diana V. Edelman (ed.), *The Triumph of Elohim. From Yahwisms to Judaisms* (Contributions to Biblical Exegesis and Theology), Kampen: Kok Pharos. 1998, p. 75-105.

Schmitz, P.C. 'Queen of Heaven', in D.N Freedman (ed.), *Anchor Bible Dictionary,* pp. 586–588, vol. V. New Haven: Yale University Press. 1992.

Schroer, Silvia. 'Die göttliche Weisheit und der nachexilische Monotheismus', en: M-T. Wacker & E. Zenger (eds.*), Der eine Gott und die Göttin. Gottesvorstellungen des biblischen Israel im Horizont feministischer Theologie.* Freiburg: Herder. 1991, pp. 151–182.

Smith, Mark S., "Yahweh and other Deities in Ancient Israel: Observations of Old Problems and Recent Trends": Dietrich, W. – Klopfestein, M. A. (ed.), *Ein Gott allein? JHWH-erehrung und biblischer Monotheismus im Kontext der israelitischen und altorientalischen Religionsgeschichte* (OBO, 139). Freiburg – Göttingen: Universitätsverlag - Vandenhoeck & Ruprecht. 1994, p. 197-234.

Steck, Odil Hannes. *Gottesknecht und Zion. Gesammelte Aufsätze zu Deuterojesaja* (FAT, 4). Tübingen: J.C.B. Mohr (Paul Siebeck). 1992.

Steil, Armin. *Krisensemantik. Wissenssoziologische Untersuchungen zu einem Topos moderner Zeiterfahrung.* Opladen: Leske und Budrich. 1993.

Stolz, Fritz. *Einführung in den biblischen Monotheismus* (Die Theologie). Darmstadt. Wissenschaftliche Buchgesellschaft. 1996.

Tadmor, Hayyim - Moshe Weinfeld (dir.). *History, Historiography and Interpretation.* Jerusalem: Magnes Press. 1982.

Teixidor, Javier. *Le Judéo-christianisme.* Paris: Gallimard, coll. « Folio Histoire ». 2006.

Uehlinger, Christoph. Anthropomorphic Cult Statuary in Iron Age Palestine and the Search for Yahweh's Cult Images, in: Karel van der Toorn (ed.), *The Image and the Book: Iconic Cults, Aniconism, and the Veneration of the Holy Book in Israel and the Ancient Near East* (Contributions to Biblical Exegesis and Theology, 21), Leuven: Peeters, 1997, 97-156.

Uehlinger, Christoph. 'Gibt es eine joschijanische Kultreform? Plädoyer für ein begründetes Minimum', en: Walter Groß (Hrs.), *Jeremia und die «deuteronomistische Bewegung.* Weinheim: Beltz Athenäum. 1995, pp. 57–90.

Uehlinger, Christoph. "Die Frau im Efa (Sach 5,5-11): eine Programmvision von der Abschiebung der Göttin": *Bibel und Kirche* 49 (1994), p. 93-103.

van der Toorn, Karel (ed.), *The Image and the Book. Iconic cults, aniconism, and the rise of the book religion in Israel and the Ancient Near East.* Leuven: Peeters. 1997.

Van der Toorn, Karel. (Ed.). *The Image and the Book. Iconic Cults, Aniconism, and the Rise of the Book Religion in Israel and the Ancient Near East (CBET 21).* Leuven: Peeters, 1997, p. 97-156.

Volokhine, Youri. "L'Egypte et la Bible: histoire et mémoire. A propos de la question de l'Exode et de quelques autres thèmes", *BSEG* 24, 2000-2001, pp. 83-106.

Wacker, Marie-Therese - E. Zenger (eds.*), Der eine Gott und die Göttin. Gottesvorstellungen des biblischen Israel im Horizont feministischer Theologie.* Freiburg: Herder. 1991.

Wacker, Marie-Therese. "Spuren der Göttin Hoseabuch": Dietrich, W. – Klopfestein, M. A. (ed.), *Ein Gott allein? JHWH-Verehrung und biblischer Monotheismus im Kontext der israelitischen und altorientalischen Religionsgeschichte (OBO 139),* Freiburg/Göttigen: Universitätsverlag/Vandenhoeck & Ruprecht, 1994, p. 329-348.

Wacker, Marie-Therese. *Figurationen des Weiblichen im Hosea-Buch.* Freiburg. Basel/Wien: Herder. 1996.

Weinfeld, Moshe. "Divine Intervention in War in Ancient Israel and in the Ancient Near East", en: Hayyim Tadmor, Moshe Weinfeld (dir.). *History, Historiography and Interpretation.* Jerusalem: Magnes Press. 1982, p. 121-147.

Welhausen, Julius. *Prolegomena zur Geschichte Israels.* Berlín. De Gruyter. 1927 (reimpreso 2001).

Wellhausen, Julius. *Die Kleinen Propheten. Skizzen und Vorarbeiten,* reprint of 3rd edn. (1889). Berlin: Töpelmann. 1963.

Williams, Ronald J. « Theodicy in the Ancient Near East », CJT 2 (1956) 14-26.

Williamson, Hugh Godfrey Maturin. *The book called Isaiah. Deutero-Isaiah's role in composition and redaction.* Oxford: Oxford University Press. 1994. http://dx.doi. org/10.1093 /0198263600.001.0001

Wyatt, Nicolas. « The Seventy Sons of Athirat, the Nations of the World, Deuteronomy 32.6B, 8-9 and the Myth of the Divine Election », en: Robert Rezetko, et al. (Ed.), *Reflection and Refraction. Studies in Biblical Historiography in Honour of A. Graeme Auld* (VT.S, 113). Leiden - Boston, MA: Brill. 2007, 547-556.

Younger Jr., K. Lawson. *Ancient Conquest Accounts. A Study in Ancient Near Eastern and Biblical History Writing.* JSOT.S 98. Sheffield: Academic Press. 1990.

Zenger, Erich. *Gottes Bogen in den Wolken: Untersuchungen zu Komposition und Theologie der priesterschriftlichen Urgeschichte.* Stuttgart: Katholisches Bibelwerk. 1983.

Zwickel, Wolfgang (ed.) *Biblische Welten (FS M. Metzger),* Fribourg/Göttingen: Universitätsverlag/Vandenhoeck & Ruprecht, 1993.

Índices

2. Índice de nombres:

3. Índice de divinidades:

5. Índice de autores

6. Índice de citas bíblicas

Referencia de los artículos:

1: Los cuernos de Moisés. Hacer entrar la Biblia en la historia: Lección inaugural pronunciada el jueves 5 de febrero de 2009. Se trata de la lección número 206 del Collège de France. Texto original: Thomas Römer. *Les Cornes de Moïse. Faire entrer la Bible dans l'histoire*, Collège de France. Paris: Fayard. 2009.

2: El problema del monoteísmo bíblico: Thomas Römer. *Le problème du monothéisme biblique.* RB 124, 2017, p. 12-25.

3: El monoteísmo: Thomas Römer. "Le monothéisme", en: AA.VV. *Enquête sur le dieu unique.* Paris: Bayard. 2010, p. 80-89.

4: "La invención de Dios": Los orígenes y la evolución del dios de Israel: Thomas Römer. "L'invention de Dieu" Les origines et l'évolution du dieu d'Israël. *Angelicum* Vol. 92 (2015) pp. 519-536.

5: Yhwh, la Diosa y el Mal. ¿Es el "monoteísmo" un término adecuado para describir el discurso de la Biblia Hebrea en torno al Dios de Israel?: Römer, Thomas. 'Yhwh, the Goddess and Evil: Is "monotheism" an adequate concept to describe the Hebrew Bible's discourses about the God of Israel?', *Verbum et Ecclesia* 34/2 (2013), Art. #841, 5 pages. http://dx.doi.org/10.4102/ ve.v34i2.841

6: La expulsión de lo femenino en la construcción del monoteísmo: Römer, Thomas. L'éviction du féminin dans la construction du monothéisme. *Études théologiques et religieuses.* 78 (2003) pp. 167-180.

7: Teología oficial y religión popular: Römer, Thomas. "Le dieu unique d'Israël. Le monothéisme": en: AA.VV., *Enquête sur le dieu unique.* Paris: Bayard. 2010, pp. 118-122.

8: La guerra en la Biblia hebrea, entre la historia y la ficción: Thomas Römer. "La guerre dans la Bible hébraïque, entre histoire et fiction", en: Jean Baechler (dir.). *Guerre et religion.* (L'Homme et la Guerre). Paris: Hermann. 2015, pp. 31-39.